Céline Santini · Vendula Kachel

Montessori-Pädagogik für zu Hause

Für ein selbstständiges und aufgeschlossenes Kind

200 Aktivitäten von 0–12 Jahren

Aus dem Französischen
von Carolin Wiedemeyer

ANACONDA

Für Charlotte, Livia und Valentin, unsere
schönsten Quellen der Inspiration

Lizenzausgabe mit freundlicher Genehmigung

Die französische Originalausgabe erschien unter dem Titel
La pédagogie Montessori à la maison: 200 activités
© 2015, Éditions First, an imprint of Édi8, Paris, France

Coverillustration und Illustrationen auf S. 4, 9, 71, 145 und 207: Nathalie Jomard

Illustrationen der Aktivitäten: Dorothea Renault

© dieser Ausgabe 2017 Anaconda Verlag GmbH, Köln
Alle Rechte vorbehalten.
Umschlaggestaltung: Druckfrei. Dagmar Herrmann, Bad Honnef
Satz: InterMedia – Lemke e. K., Ratingen
Printed in Czech Republic 2017
ISBN 978-3-7306-0514-1
www.anacondaverlag.de
info@anacondaverlag.de

Inhalt

Einleitung

»Das Geheimnis des Erfolgs besteht darin, auf intelligente Art und Weise die Vorstellungskraft des Kindes zu stimulieren, um dadurch sein Interesse zu wecken und die Saat aufgehen zu lassen, die wir in seinem Geist gesät haben.«

Maria Montessori

Anfang des 20. Jahrhunderts revolutionierte Maria Montessori die Erziehungslehre. Sie glaubte daran, dass Kinder den angeborenen Drang haben, Dinge zu lernen. Ausgehend vom Standpunkt der Entwicklungspsychologie kreierte sie einen einzigartigen, allumfassenden Pädagogikansatz, der sich sehr schnell auf der ganzen Welt verbreitete und sich an alle Kulturen und alle sozialen Klassen richtete.

Diese Pädagogik, die das Vergnügen, die Begeisterung, die Neugier und die Individualität des Kindes in den Mittelpunkt des Lernens stellt, ist heute aktueller denn je. Dieses Buch soll Ihnen eine Anleitung für die Montessori-Pädagogik geben, um Ihrem Kind die entsprechenden Entwicklungsansätze zu vermitteln, ihm Keime des Wissens einzupflanzen und ihm zu helfen, es selbst zu tun ...

Die Saat des Wissens aufgehen lassen

Maria Montessori war davon überzeugt, dass jedes Kind ein weitreichendes, natürliches Lernbedürfnis hat. Ihrer Ansicht nach ist ein Kind von sich aus neugierig, begeisterungsfähig und empfindet große Freude daran, neues Wissen zu entdecken und zu vertiefen.

Unsere Aufgabe als Erzieher ist somit »ganz einfach«, dieses grundlegende Bedürfnis zu fördern und zu erhalten, das Kind in seinem Wissensdrang zu stärken, in dieser wichtigen Periode, in der der aufnahmefähige Geist des Kindes begierig nach neuen Kenntnissen ist.

Indem er dem Kind eine große Bandbreite an Wissen und eine Öffnung zur Welt anbietet, indem er seine natürliche Begeisterung für seine Umgebung verstärkt, für Natur und Kultur, legt der Erziehende im Geist des Kindes den Grundstein für ein vielfältiges Potenzial. Nach und nach werden die verschiedenen gelernten Dinge zusammenfinden, die Saat des Wissens wird aufgehen, immer im Entwicklungsrhythmus des Kindes und gemäß seinen individuellen Interessen.

Hilf mir, es selbst zu tun

Um das ganze Potenzial eines Kindes auszuschöpfen, stellte Maria Montessori die Bildung von Vertrauen, Selbstständigkeit und Unabhängigkeit des Kindes in den Mittelpunkt ihrer Pädagogik. Nach und nach, Schritt für Schritt, lernt das Kind, *es selbst zu tun* ...

Um dies zu erreichen, werden die Erzieher (oder Eltern) angehalten, den natürlichen Rhythmus der Entwicklung des Kindes zu respektieren, indem sie die sensiblen Perioden beobachten (Sprache, Bewegung, Ordnung ...), um dem Kind Aktivitäten anzubieten, die seinen spontanen Neigungen entsprechen, ihm aber auch nahezubringen (ohne es jemals zu zwingen), nach seinem eigenen Rhythmus zu lernen, so wie es die Konzentration zulässt, und die Aktivitäten so oft zu wiederholen, wie das Kind es will.

Aber genauso wichtig ist es, dem Kind einen entsprechenden Rahmen zu bieten, sowohl emotional, durch wohlwollendes Zuhören und Respekt, als auch ganz konkret: eine schöne Umgebung, sauber, aufgeräumt, in der das Kind freien und ungehinderten Zugang zu den verschiedenen Elementen hat.

Das auf diese Weise zu Verantwortungsbewusstsein und Selbstständigkeit erzogene Kind wird das Gelernte besser verinnerlichen und sich selbst bei jedem Schritt korrigieren.

Mit Händen und Sinnen zu experimentieren, unterstreicht Maria Montessori, »fördert die Zusammenarbeit der Intelligenz mit der Bewegung«, der natürliche Entdeckungsdrang wird angestachelt. Das Kind kann so nach und nach vom Konkreten zum Abstrakten übergehen.

Unabhängigkeit und Öffnung zur Welt

In einer wohlwollenden und angepassten Umgebung *(vorbereitete Umgebung)* wird das Kind nach und nach mehr Vertrauen in seine eigenen Fähigkeiten und in andere Menschen fassen. Ermutigt durch seine Entscheidungsfreiheit, seine Selbstständigkeit und sein Verantwortungsbewusstsein wird das Kind lernen, sich der Welt und anderen Menschen zu öffnen und eigenständig zu denken.

Die Montessori-Pädagogik zu Hause anwenden

Dieses Buch richtet sich sowohl an Eltern, die schon den Montessori-Geist leben, als auch an solche, die ihn kennenlernen möchten, die eine Vielzahl an Wissenssamen im Geist ihrer Kinder säen wollen – ob an einer Montessori-Schule oder zu Hause.

Die 200 Übungen wurden sorgfältig gemäß der Montessori-Pädagogik ausgewählt und können alle mit Gegenständen, die in jedem Haushalt zu finden sind, durchgeführt werden (manchmal wird das spezifische Montessori-Material zur Orientierung angegeben). Die Übungen lassen sich ohne großen Aufwand zu Hause realisieren und sind hauptsächlich auf Dinge des alltäglichen Gebrauchs ausgerichtet, die leicht umzuwandeln oder selbst zu basteln sind.

Ganz im Sinne Montessoris sollen die Übungen dazu ermutigen, »echte« Gegenstände zu nutzen, keine Spielzeuge oder Ersatzgegenstände, Sie fördern damit die aktive Teilnahme und Selbstständigkeit des Kindes. Indem das Kind mit Objekten hantiert, mit seinen fünf Sinnen spielt, vergleicht, beobachtet und sich selbst korrigiert, entwickelt es durch die Aktivitäten seine Kreativität, öffnet seinen Geist und wird selbstbewusster. Und vor allem lernt es, *es selbst zu tun*, und findet dabei eine immense Freude am Entdecken ...

Entdeckung der Natur

Früchte ernten

 **2 Jahre +**   30 Min. bis 1 Std.

Benötigt werden: ein Garten mit Obstbäumen, ein Gemüsegarten oder Schrebergarten, ein Korb

– – – – –

Eigene Früchte zu ernten, das ist eine einerseits so simple, aber andererseits so wunderbare Erfahrung, vor allem für kleine Stadtbewohner … Die Kinder werden künftig nicht mehr den gleichen Geschmack haben …

Ablauf:

1. Lassen Sie das Kind eine Obstsorte aussuchen, je nach seinem Alter und den sich Ihnen bietenden Möglichkeiten: Erdbeere, Himbeere, Aprikose, Weintraube, Apfel usw.
2. Zeigen Sie dem Kind, wie es die Früchte auswählen soll, es soll die reifen bevorzugen, die anderen weiter reifen lassen und die verdorbenen Früchte weglassen.
3. Animieren Sie das Kind, seine fünf Sinne einzusetzen, indem es die Frucht aufmerksam anschaut, sie probiert, an ihr riecht, sie befühlt, sie sogar zerbeißt!

Erweiterung:

Das Kind kann voller Stolz seine eigene Ernte waschen, schneiden und ein Dessert zum Abendessen zubereiten!

Gefördertes Potenzial:

Geduld, Lernen, eine Aufgabe von Anfang bis Ende erfüllen, Respekt vor der Natur und dem Leben, Entwicklung des ökologischen Bewusstseins

Einen Samen keimen lassen

2,5 Jahre +   15 Min., danach einige Minuten pro Tag

Benötigt werden: Samen zum Einpflanzen, ein
Tontopf, eine kleine Gießkanne oder ein Krug,
zusätzlich ein Keimgefäß

––––––

Regen Sie das Kind an, selbst einige Samen einzupflanzen und
deren Entwicklung Tag für Tag zu beobachten. Sie sensibilisieren es so für die Magie des Lebens und den Respekt vor der
Natur.

Ablauf:

1. Wählen Sie für diese Übung Samen aus, die schnell keimen
   und die idealerweise essbar sind. Sehr gut sind zum Beispiel
   alle Samen, die man in Bioläden erhält, weil sie sehr schnell
   keimen (Luzerne, Rettich, Kichererbsen, Linsen ...).
2. Regen Sie das Kind an, die Samen in einen Topf zu pflanzen
   oder sie in einem Keimgefäß zu verteilen.
3. Vertrauen Sie ihm die Aufgabe an, die Pflanze regelmäßig
   zu gießen (oder im Fall eines Keimgefäßes zu spülen). Fordern Sie es auf, regelmäßig den Fortschritt der Bepflanzung
   zu beobachten.
4. Wenn Sie eine essbare Pflanze gewählt haben, lassen Sie
   das Kind probieren.

Erweiterung:

Es dauert selbstverständlich wesentlich länger, aber Sie können dem Kind natürlich auch vorschlagen, einen Apfelkern einzupflanzen, der erst Monat für Monat und dann Jahr für Jahr zu
»seinem« Baum heranwächst, sofern Sie einen eigenen Garten
haben.

Regen Sie das Kind an, die verschiedenen Entwicklungsstufen der Pflanze Tag für Tag zu zeichnen, sodass es den Fortschritt beobachten kann.

Gefördertes Potenzial:

Geduld, Respekt vor der Natur und dem Leben, Entwicklung des ökologischen Bewusstseins, Verantwortungsbewusstsein

Ein Stück Natur in der Stadt finden

3 Jahre +    5 bis 10 Min.

Benötigt wird: ein Stadtgebiet

———

Oft glaubt man, die Natur sei aus der Stadt verschwunden, aber wenn man aufmerksam schaut, erkennt man, wie sie sich oft ihre Rechte zurückholt, diskret und sanft, aber zielstrebig: Blumen, die auf dem Bürgersteig aus den Spalten wachsen, Moos, das sich an den Häuserfassaden hochrankt, usw. Diese Übung zielt also darauf ab, die Beobachtungsgabe des Kindes zu entwickeln, aber auch sein ökologisches Bewusstsein und seine natürliche Bewunderung für die Natur.

Ablauf:

1. Suchen Sie sich irgendeine Straße in der Stadt, auch eine sehr belebte, und regen Sie das Kind an, nach Pflanzen zu suchen, die andere als Unkraut bezeichnen würden, oder nach Insekten, die man hier nicht erwartet.

2. Beginnen Sie eine Diskussion über die Bedeutung von Natur und Umweltbewusstsein, aber auch über die Kraft der Natur, die sich an alle Gegebenheiten anpasst.

Erweiterung:

Sie können diese Übung vertiefen, indem Sie das Kind themenbezogen suchen lassen: »Asphalt-Blumen«, »Stadt-Vögel«, »Stadt-Ameisen« … Sie können diese Übung auch mit der Herstellung von Samenbomben verbinden (S. 50).

Gefördertes Potenzial:

Beobachtungsgabe, Durchführung und Beherrschung einzelner Handgriffe, Dinge mit Abstand betrachten, Respekt vor der Natur und dem Leben, Entwicklung des ökologischen Bewusstseins

Ein vierblättriges Kleeblatt suchen

3 Jahre +   ⏰ 5 bis 30 Min.

Benötigt werden: ein Buch, Löschpapier, eine grüne Ecke mit Kleeblättern … und eine gute Portion Optimismus und Geduld!

Diese Übung zielt darauf ab, dem Kind Werte wie Geduld, Ausdauer, Optimismus und Selbstvertrauen zu vermitteln. Die meisten Leute sind überzeugt, dass vierblättrige Kleeblätter äußerst selten sind, dabei nehmen sie sich nur keine Zeit, danach zu suchen. Es ist nicht ungewöhnlich, nach 5 bis 30 Minuten ausdauerndem Suchen eines zu finden, die geschätzte Häufigkeit von vierblättrigen Kleeblättern in der Natur liegt bei 1 zu 10.000. Wie heißt es so schön: »Wer nicht wagt, der nicht gewinnt!«…

Ablauf:

1. Suchen Sie mit dem Kind eine grüne Ecke mit vielen Kleeblättern.

2. Animieren Sie das Kind, ein vierblättriges Kleeblatt zu suchen, und erklären Sie ihm, wie man dabei systematisch vorgehen kann.

3. Teilen Sie die Begeisterung Ihres Kindes, wenn es sich über seine Entdeckung freut.

4. Zeigen Sie dem Kind, wie es seinen Schatz schnell ganz flach zwischen zwei Blättern Löschpapier und den Seiten eines Buches trocknen lassen kann. Zu Hause können Sie noch etwas Schweres darauflegen, um das Blatt schneller zu pressen.

Anmerkung: Wenn Sie möchten, können Sie ein »Notfall-Kleeblatt« bereithalten (man kann vierblättrige Kleeblätter im Topf in Gartenmärkten kaufen), das Sie dem Kind geben können, wenn es mit leeren Händen heimkehren sollte ...

Erweiterung:

Lassen Sie das Kind einen hübschen Glasrahmen aussuchen, um seinen Schatz darin auszustellen.

Gefördertes Potenzial:

Eifer, Geduld, Selbstachtung, Optimismus, Selbstvertrauen

Einen Blumenstrauß zusammenstellen

3 Jahre +   20 Min., dann 10 Min. pro Tag

Benötigt werden: ein Blumenstrauß, eine Vase, ein Krug, Wasser, eine Schere, Bindfaden oder ein Gummiband

— — — — —

Diese alltägliche Beschäftigung scheint auf den ersten Blick recht banal, lehrt das Kind aber Selbstständigkeit und Verantwortungsgefühl und entwickelt so seine aufmerksame Seite und seinen Eifer, sich um etwas oder jemanden zu kümmern.

Ablauf:

1. Geben Sie dem Kind einen losen Blumenstrauß, den es selbst beim Blumenhändler ausgesucht oder bei einem Spaziergang zusammengepflückt hat. Nehmen Sie möglichst Blumen mit weichen und leicht zu schneidenden Stielen, das erleichtert die weitere Übung.

2. Holen Sie alle Vasen heraus, die Sie besitzen, und bitten Sie das Kind, diejenige auszusuchen, die am besten für die Länge der Stiele und die Form der Blumen geeignet ist.

3. Zeigen Sie dem Kind, wie man überflüssige Blätter von den Stielen entfernt, damit sie nicht im Wasser faulen.

4. Animieren Sie das Kind, aus den Blumen einen schönen Strauß zusammenzustellen und ihn mit einem Stück Bindfaden oder einem Gummiband zusammenzubinden.

5. Das Kind soll die Stiele dann unten mit einer Schere gleichmäßig abschneiden.

6. Dann beauftragen Sie es, die Vase selbst zu füllen, je nach Alter des Kindes mit einem kleinen Krug. Dabei soll das Kind das Wasserniveau so bestimmen, dass es nicht überläuft, wenn man die Blumen hineinstellt.

7. Jetzt muss das Kind nur noch den perfekten Platz für sein Kunstwerk suchen.

Erweiterung:

Das Kind übernimmt die Pflege des Blumenstraußes bis zum Schluss: Es ist seine Aufgabe, das Wasser täglich zu wechseln, damit der Blumenstrauß so lange wie möglich schön bleibt. Es soll auch selbst entscheiden, wann es Zeit ist, die Blumen wegzuwerfen.

Gefördertes Potenzial:

Entwicklung des Sauberkeitssinns, Organisationssinn, Respekt vor der Natur und dem Leben, Verantwortungsbewusstsein, Sinn für Schönheit

Ameisen beobachten

  20 Min.

Benötigt werden: ein Garten oder eine beliebige grüne Ecke, nach Bedarf eine Lupe

———

Schlagen Sie dem Kind vor, Ameisen zu beobachten, diese winzigen Insekten, die so unbedeutend erscheinen, deren Biomasse aber die der anderen Lebewesen auf der Erde deutlich übersteigt!

Ablauf:

1. Bevor Sie die Übung beginnen, sensibilisieren Sie das Kind dafür, die Insekten, die es findet, nicht anzufassen oder zu stören.

2. Schlagen Sie dem Kind vor, damit zu beginnen, eine Ameise zu suchen, indem es aufmerksam den Boden oder die Mauern untersucht.

3. Sobald es eine Ameise gefunden hat, soll das Kind sie verfolgen und sich ihre Aktivitäten aus der Nähe anschauen, mit oder ohne Lupe.

4. Das Kind soll die Ameise so lange intensiv beobachten, bis es andere Mitglieder der Ameisenkolonie entdeckt, die das Kind mit ein wenig Glück zum Eingang des Ameisenhaufens führen.

5. Lassen Sie das Kind die Ameisen so lange wie nötig beobachten und antworten Sie auf alle Fragen, die es Ihnen wahrscheinlich stellt.

Erweiterung:

Je nach Alter fordern Sie das Kind auf, die Ameisen zu zählen, die es sieht.

Sie können das Kind auch dazu animieren, ein detailliertes Bild von einer Ameise zu malen und es mit einer anatomischen Zeichnung zu vergleichen, die Sie in einem Buch oder im Internet gefunden haben.

Gefördertes Potenzial:

Entwicklung des Konzentrationsvermögens, Beobachtungsgabe, Geduld, Organisationssinn, Respekt vor der Natur und dem Leben

Bienen beobachten

  20 Min.

Benötigt werden: ein Garten, ein Park, eine Ecke auf dem Land, eine Ecke im Grünen oder ein Balkon mit Blumen, bedeckende Kleidung

– – – – –

Bienen sind ein für Kinder in mehrfacher Hinsicht hochinteressantes Studienobjekt (Organisation des Bienenstocks, Honigsammeln, Umweltschutz usw.)

Ablauf:

1. Bevor Sie die Übung beginnen, prüfen Sie, ob das Kind Bienen erkennen und von anderen Insekten unterscheiden

kann (Wespen, Hornissen ...), indem Sie ihm eventuell Bilder zeigen. Erläutern Sie dem Kind, wie es sich im Umgang mit Bienen zu verhalten hat, um sie nicht zu reizen.

2. Wählen Sie einen schönen sonnigen Tag, zwischen Frühling und Mitte Sommer, und eine Umgebung mit Blumen (sei es in der Stadt oder auf dem Land). Auch wenn Bienen niemals angreifen, wenn man sie nicht reizt, sehen Sie auf jeden Fall bedeckende Kleidung vor. Fordern Sie das Kind auf, eine Biene zu suchen.

3. Sobald eine Biene in Sicht ist, fordern Sie das Kind auf, diese genau zu betrachten (ohne sie zu reizen), ihre Aktivitäten, ihre Runden, ihre »Tänze«, ihren Pelz, die Pollen, die sie transportiert.

Erweiterung:

Sie können diese Aktivität mit »Ameisen beobachten« von der vorherigen Seite verbinden, indem Sie das Kind auffordern, Ähnlichkeiten zwischen den beiden Arten herauszustellen. Wenn das Kind sich interessiert zeigt, ist es an der Zeit, ein wenig weiterzugehen und einen Bienenzüchter zu besuchen (siehe auch Übung S. 22), verschiedene Honigsorten zu probieren, die wichtige Rolle der Bienen in der Natur herauszustellen und die Notwendigkeit, sie zu schützen usw.

Gefördertes Potenzial:

Beobachtungsgabe, ein aufmerksamer Erforscher seiner Umgebung werden, Geduld, Respekt vor der Natur und dem Leben, Entwicklung des Umweltbewusstseins

Das Leben im Wasser beobachten

3 Jahre + 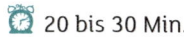 20 bis 30 Min.

Benötigt werden: eine Pfütze oder ein Tümpel, je nachdem, wo Sie wohnen, eine Lupe, ein Fangnetz, ein durchsichtiges Einmachglas

––––––

Auf den ersten Blick gibt es nichts zu sehen … Und doch, wenn man sich der Pfütze oder der Lache nähert, die sich zwischen zwei Felsen gebildet hat, wird das Kind eine fantastische Welt entdecken, bevölkert von unbekannter Flora und Fauna.

Ablauf:

1. Je nachdem, wo Sie wohnen, nehmen Sie das Kind mit ans Wasser: eine Pfütze auf dem Land oder Priele bei Ebbe am Meer. Sie lassen das Kind, sobald Sie am Wasser sind, niemals allein oder unbeobachtet.

2. Mit aller nötigen Vorsicht fordern Sie das Kind auf, so nah wie möglich ans Wasser heranzugehen, um die Wasserbewohner dieses Ökosystems zu entdecken, erst mit dem bloßen Auge, dann mit einer Lupe.

3. Um die Tiere näher betrachten zu können, kann das Kind sie mit dem Fangnetz oder dem Einmachglas einfangen, soll sie aber später wieder freilassen.

Erweiterung:

Erweitern Sie die Übung, indem Sie das Kind die Fauna drum herum betrachten lassen: zum Beispiel Libellen oder Wasserspinnen auf dem Land, Möwen am Meer …

Gefördertes Potenzial:

Detailsinn, ein aufmerksamer Entdecker seiner Umwelt werden, Geduld, Respekt vor der Natur und dem Leben, Begreifen des unendlich Kleinen

Seifenblasen machen

3 Jahre +    30 Min.

Benötigt werden: Wasser, Zucker, Geschirrspülmittel, Maisstärke, ein Stromkabel oder ein großer Schlüssel, ein Strohhalm, eine Schüssel für die Zubereitung

––– ––– –––

Kein Kind kann dem Vergnügen widerstehen, Seifenblasen zu machen! Diese auf den ersten Blick sehr simple Übung ist wesentlich komplexer und lehrreicher für die ganz Kleinen, als es zunächst scheint. Und die Größeren haben einen Heidenspaß daran, das ganze Material selbst vorzubereiten.

Ablauf:

1. Je nach Alter des Kindes helfen Sie ihm, die Lauge »nach Rezept« zuzubereiten oder bereiten Sie sie selbst für das Kind zu (4 Einheiten Wasser, darin ¼ Einheit Zucker auflösen, bis es dickflüssig wird, 1 Einheit Geschirrspülmittel, nach Bedarf Maisstärke hinzufügen, je nach gewünschtem Ergebnis).

2. Bitten Sie das Kind, das Mundstück zum Seifenblasen vorzubereiten, indem es das Stromkabel zu einem Kreis formt. Zur Not tut es auch ein großer Schlüssel.

3. Dann zeigen Sie dem Kind, wie man vorsichtig durch die vorher in die Seifenlauge getunkte Kreisöffnung pustet. Alternativ kann man auch einen Strohhalm benutzen.

Erweiterung:

Der Spaß lässt sich variieren, wenn man einmal die einfache Handhabung beherrscht: Riesenblasen machen (Zubehör im Spielwarengeschäft), nur mit den Händen Seifenblasen formen usw.

Gefördertes Potenzial:

Durchführung und Beherrschung einzelner Handgriffe, Koordination, Kontrollsinn, Schönheitssinn, Kenntnisse von physikalischen Phänomenen

Vogelfutter zubereiten

3 Jahre +   1 Std.

Benötigt werden: Fett (Kokosfett, Talg, Schweineschmalz …), Vogelkörner, Silikonförmchen (für Cupcakes, Financiers, Muffins …) oder eine beliebige Ausstechform, Backpapier, Bindfaden oder Bast

———

Das Futter für die Vögel, für die es im Winter sorgen will, selber zuzubereiten, lässt das Kind gleich sehr viel mehr Sinn in dieser Tätigkeit sehen …

Ablauf:

1. Je nach Alter des Kindes helfen Sie ihm, das Fett schmelzen zu lassen, oder Sie übergeben ihm ganz die Verantwortung dafür. Zwischenzeitlich soll es in jedes Förmchen ein Stück Bindfaden legen, sodass es an beiden Seiten herausragt. So kann die »Mahlzeit« später besser befestigt werden. Wenn das Fett geschmolzen ist, soll das Kind die Körner dazugeben.

2. Dann gibt das Kind rasch die Zubereitung in die Förmchen oder in die auf Backpapier ausgelegten Ausstechformen.

3. Sobald das Fett erstarrt und fest wird, ist das Futter fertig! Das Kind muss es nur noch vorsichtig aus den Förmchen holen und mit den Bindfäden an einem Vogelhäuschen oder ganz einfach an einer Fensterbank befestigen.

Erweiterung:

Vergessen Sie nicht, dem Kind auch die Verantwortung für die regelmäßige Wiederholung dieser Aktivität zu übertragen, den ganzen folgenden Winter lang, um zu vermeiden, dass die Vögel von einem Nahrungsangebot abhängig werden, das nach wenigen Wochen wieder verschwindet. So muss sich das Kind die ganze kalte Jahreszeit darum kümmern.

Gefördertes Potenzial:

Den einzelnen Abschnitten der Übung folgen, Durchführung und Beherrschung einzelner Handgriffe, Respekt vor der Natur und dem Leben, Verantwortungsbewusstsein, Entwicklung einer aufmerksamen Haltung

Einen Bienenzüchter besuchen

 1 bis 2 Std.

Benötigt werden: Kontakt mit einem Bienenzüchter aus der Gegend, bedeckende Kleidung

Viele Bienenzüchter bieten Tage der offenen Tür an, um die Möglichkeit zu schaffen, ihren Beruf und das Leben der Bienen zu entdecken. Dem Kind bietet das die Gelegenheit, die Struktur eines Bienenstocks kennenzulernen, Bienenprodukte zu entdecken, verschiedene Honigsorten zu probieren, Bienen aus der Nähe zu betrachten ...

Ablauf:

1. Informieren Sie sich in Ihrer Stadt, bei Bienenzüchter-Verbänden oder direkt auf Wochenmärkten beim Imker.
2. Auch wenn Bienen niemals angreifen, solange sie nicht ge-

reizt werden, versehen Sie sich für alle Fälle mit bedeckender Kleidung. Vermeiden Sie regnerische Tage und besonders Gewitter, dann sind die Bienen unruhig.

3. Dies ist die Gelegenheit, dem Kind zu zeigen, wie ein Bienenstock funktioniert und wie Honig geerntet und abgefüllt wird.

Erweiterung:

Kaufen Sie verschiedene Honigsorten (flüssig, fester, mehr oder weniger durchsichtig ...) und lassen Sie das Kind probieren. So lernt es, die Nuancen zu unterscheiden. Dann lassen Sie das Kind die verschiedenen Sorten erneut mit verbundenen Augen probieren.

Gefördertes Potenzial:

Ein aufmerksamer Entdecker seiner Umwelt werden, Respekt vor der Natur und dem Leben, Entwicklung des Umweltbewusstseins, Zuhören

Ein Vogelhaus aufstellen

3 Jahre +  1 bis 3 Std.

Benötigt werden: ein fertiges Vogelhaus oder ein Bausatz (je nach Alter des Kindes), Holzfarbe oder Decopatch-Papier, Lackfarbe für den äußeren Anstrich, Vogelfutter

———————

Kinder lieben es, Tiere zu beobachten und sich um sie zu kümmern, vor allem um Vögel. Und sie werden umso mehr Spaß daran haben, die Tiere zu beobachten, wenn sie in dieser Übung das Vogelhaus selbst gebaut haben.

Ablauf:

1. Je nach Alter des Kindes kaufen Sie ein fertiges Vogelhaus aus unbehandeltem Holz oder, wenn Sie größere Kinder haben, bereiten Sie einzelne Bretter zum Zusammensetzen vor. Wählen Sie Modell und Größe des Vogelhauses passend zu den Vogelarten in Ihrer Region aus.

2. In beiden Fällen motivieren Sie das Kind, dem Häuschen mit Farben seiner Wahl eine persönliche Note zu geben. Dazu kann es Farben oder Decopatch-Klebeblätter nehmen. Lassen Sie das Holz im Inneren des Häuschens unbehandelt.

3. Nun soll das Kind das Häuschen auf der Außenseite lackieren.

4. Wenn das Holz getrocknet ist, soll das Kind den Standplatz wählen, der sich für die tägliche Beobachtung eignet und vor natürlichen Feinden geschützt ist.

5. Das Kind soll nun Vogelfutter in das Häuschen legen.

6. Nun kann es in aller Ruhe die Vögel Tag für Tag beobachten, sie fotografieren, zeichnen …

Erweiterung:

Diese Übung ist eine gute Gelegenheit, um dem Kind die Verantwortung bewusst zu machen, sich um andere Lebewesen zu kümmern, und ihm die Aufgabe zu übertragen, regelmäßig und ohne Unterbrechung das Vogelhäuschen mit Körnern und Futterkugeln zu versehen.

Gefördertes Potenzial:

Fleiß, geometrisch genau bauen, Kreativität, Einführung in das Heimwerken, sich um andere kümmern

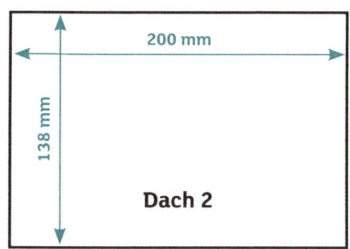

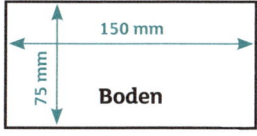

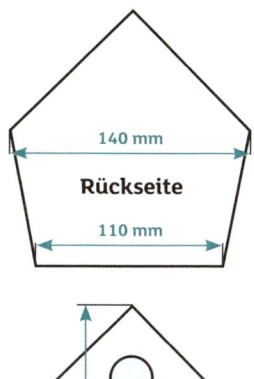

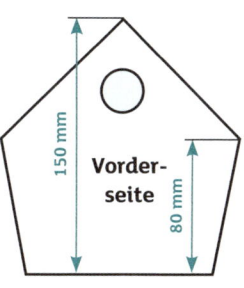

Wildpflanzen sammeln und probieren

3 Jahre + 2 bis 3 Std.

Benötigt werden: ein schöner Ort in der freien Natur, Gartenhandschuhe, Schere, Gartenschere, ein Korb oder Papiertüten

—————

Kinder, vor allem solche, die in der Stadt aufwachsen, neigen manchmal dazu zu vergessen, dass das Obst und Gemüse, das man im Supermarkt oder auf dem Markt kauft, ursprünglich aus der Natur kommen! Diese Übung lädt das Kind ein, die Natur mit anderen Augen zu betrachten, als Quelle von Wohltaten, die man mit großer Sorgfalt pflegen muss, mit Respekt und Dankbarkeit.

Ablauf:

1. Wenn Sie sich selbst nicht so gut auskennen, informieren Sie sich vor der Übung über essbare Wildpflanzen. Es gibt eine Vielzahl an Büchern zu diesem Thema, aber Sie können auch mit dem Kind zusammen an einem der vielen Kurse teilnehmen, die angeboten werden. Man muss sich nur immer absolut sicher sein, um was es sich handelt, bevor man seine Ernte verspeist!

2. Wählen Sie bei einem Spaziergang oder einer Wanderung einen Platz in der freien Natur aus, der weit weg von Luftverschmutzung und Pestiziden gelegen ist. Achten Sie darauf, nicht auf Privatgelände zu gehen.

3. Bringen Sie dem Kind bei, essbare Pflanzen zu erkennen: zum Beispiel Lavendel, Akazienblüten, wilde Minze, Brennnesseln, Walderdbeeren, Brombeeren, Löwenzahn usw. Das Kind soll die Pflanzen pflücken.

Anmerkung: Schärfen Sie dem Kind ein, dass es niemals eine Pflanze probieren darf, wenn nicht ein Erwachsener zugegen ist, der ihm bestätigt, dass sie ungiftig ist.

4. Zurück zu Hause können Sie je nach Art der Ernte ein Gazpacho aus Brennnesseln zubereiten, einen Salat aus Löwenzahn, Mädesüß-Baiser, eine Brombeer-Konfitüre usw.

Erweiterung:

Animieren Sie das Kind, einige Pflanzen seiner Ernte wieder einzupflanzen, um den Zauber im eigenen Gemüsegarten zu verlängern!

Gefördertes Potenzial:

Ein aufmerksamer Entdecker seiner Umwelt werden, Entwicklung der fünf Sinne, Respekt vor der Natur und dem Leben, Entwicklung des ökologischen Bewusstseins

Ein Herbarium basteln

3 Jahre +   variabel, dem Ausflug entsprechend

Benötigt werden: ein großes Heft im Format DIN A4 oder A3 mit dickem Papier (am besten wählt das Kind es selbst aus) oder Klarsichtfolien mit dickem weißem Papier, transparentes Klebeband oder Deko-Klebeband (Masking Tape), dicke Bücher, Löschpapier, Papiertüten (Brottüten) oder ein Weidenkorb, Schere

Zeigen Sie Ihrem Kind, wie es sich sein eigenes Herbarium basteln kann: Es wird künftig die Natur auf Ausflügen aufmerksamer betrachten und sich bestimmte Souvenirs mitnehmen, die es darin aufnehmen will.

Ablauf:

1. Bei einem Ausflug aufs Land fordern Sie das Kind auf, selbst Blumen und Pflanzen auszuwählen, die es am schönsten, am interessantesten oder am originellsten findet (dabei können Sie auch fragen, warum). Zeigen Sie dem Kind, wie es die Pflanzen schneidet, ohne sie zu beschädigen. Bei der Gelegenheit können Sie auch erklären, dass man aus Respekt vor der Natur nur das nehmen soll, was man auch behalten möchte, und dass sehr empfindliche Pflanzen vielleicht nicht dafür geeignet sind. Das Kind soll die Pflanzen vorsichtig in den Korb oder die Papiertüte legen.

2. Wieder zu Hause soll das Kind jeden Zweig seiner Ausbeute einzeln flach zwischen zwei Blatt Löschpapier legen und dann mindestens ein paar Stunden mit dicken Büchern beschweren, damit die Pflanzen schön trocknen können.

3. Am folgenden Wochenende kann das Kind die getrockneten Pflanzen auslösen und vorsichtig in das Herbarium kleben (großes Heft oder einzelne Seiten). Dazu soll es das durchsichtige Klebeband oder das Deko-Klebeband benutzen, um das Herbarium lustiger zu gestalten. Es schreibt darunter den Namen der Pflanze, Tag und Ort, wo sie gepflückt wurde, und seine Beobachtungen. Je nach Alter kann es selbst schreiben oder Sie übernehmen das. Wenn eine Pflanze nicht zu identifizieren ist, ist das nicht schlimm. Das Kind kann den Namen im Laufe seiner nächsten Entdeckungen hinzufügen.

Erweiterung:

Animieren Sie das Kind auch, einen schönen Strauß Blumen oder Zweige zu pflücken, um den es sich zu Hause kümmert (siehe Übung auf S. 14 »Einen Blumenstrauß zusammenstellen«).

Wenn das Kind sich interessiert zeigt, können Sie es animieren, ein themenbezogenes Herbarium zu basteln: aromatische Pflanzen, Pflanzen mit Blüten, Samen, Süßgräser, Heilpflanzen usw.

Gefördertes Potenzial:

Beobachtungsgabe, Zuordnung, ein aufmerksamer Entdecker seiner Umwelt werden, Fleiß, Respekt vor der Natur und dem Leben

Eine Pflanze retten

4 Jahre +    einige Minuten pro Tag

Benötigt werden: eine Pflanze »in Not« (aber noch lebendig), eine Gießkanne oder ein Krug, ein neuer Pflanztopf, gute Erde, optional Kompost oder Dünger

————

Die Idee hinter dieser Übung ist, dass das Kind versucht, einer Pflanze, die sich durch Licht- oder Wassermangel oder einfach durch mangelnde Pflege in einem schlechten Zustand befindet, zu neuem Leben zu verhelfen. Dadurch, dass das Kind sich Tag für Tag um die Pflanze kümmert, wird sie nach und nach wieder zum Leben erwachen und das Kind in dem optimistischen Glauben bestärken, dass es Dinge wirklich ändern kann.

Ablauf:

1. Finden Sie eine Pflanze, die kurz vor dem Verdorren ist: auf der Straße, bei Verwandten oder Freunden, auf Ihrem eigenen Balkon nach großer Hitze usw. Animieren Sie das Kind, die Pflanze »zu adoptieren« und sich so gut wie möglich um sie zu kümmern, sodass sie wieder erblüht.

2. Geben Sie dem Kind alles benötigte Material, damit es lernt, die Pflanze richtig zu beschneiden, sie in einen Topf mit guter Erde umzupflanzen, sie mit Kompost oder Dünger zu versehen, sie mit ausreichend Wasser zu versorgen usw.

3. Lassen Sie das Kind im Haus den richtigen Standort für seine Pflanze auswählen (machen Sie ihm dabei Vorschläge bezüglich des Lichts, je nach Pflanzenart). Vertrauen Sie ihm die regelmäßige Pflege für seine Pflanze an. Freuen Sie sich mit Ihrem Kind, wenn die Pflanze sich wieder erholt!

Erweiterung:

Sie können die Idee dieser Übung auf andere Objekte übertragen, zum Beispiel ein eingesperrtes Insekt, dem das Kind seine Freiheit wieder schenkt.

Gefördertes Potenzial:

Geduld, Respekt vor der Natur und dem Leben, Entwicklung des Umweltbewusstseins, Entwicklung einer aufmerksamen Haltung, sich um andere kümmern

Einen Regenbogen schaffen

  5 Min.

Benötigt werden: ein sonniger Tag, ein Garten, ein Gartenschlauch

–––––

Da wir leider nicht jeden Tag die Gelegenheit haben, einen Regenbogen zu beobachten, bietet diese Übung die Möglichkeit, selbst einen zu schaffen, indem man im Garten die Sonnenstrahlen im Wassernebel brechen lässt. Abgesehen von diesem wunderbaren Spektakel lernt das Kind nebenbei die Grundprinzipien der Lichtbrechung.

Ablauf:

1. Wählen Sie einen schönen sonnigen Tag, am besten, wenn die Sonne nicht allzu hoch steht (später Nachmittag), und

geben Sie dem Kind einen Gartenschlauch, der auf »Wassernebel« eingestellt ist (die feinstmöglichen Tropfen).

2. Schlagen Sie ihm vor, sich mit dem Rücken zur Sonne zu stellen und seine Position zu verändern, bis ein Regenbogen erscheint.

Erweiterung:

Das Kind wird sicher Fragen zur Entstehung des Regenbogens haben – das ist eine gute Gelegenheit für Sie selbst, Ihre Kenntnisse über die Grundprinzipien der Lichtdispersion von weißem Licht in die Spektralfarben aufzufrischen, um sie an das Kind weiterzugeben.

Animieren Sie das Kind außerdem, ein »Regenbogen-Jäger« zu werden, indem es jedes Mal ein Foto macht, wenn es einen Regenbogen sieht, und daraus eine hübsche Sammlung zusammenzustellen.

Gefördertes Potenzial:

Beobachtungsgabe, Farbenlehre, Durchführung und Beherrschung einzelner Handgriffe, Schönheitssinn, Kenntnisse von physikalischen Phänomenen

Betrachtung der Wirkung von Sonnenlicht

 **4 Jahre +**   ⏰ 5 Min. Vorbereitung, mehrere Wochen der Beobachtung

Benötigt werden: zwei identische Pflanzen

–– –– ––

Sonnenlicht ist lebensnotwendig. Diese Übung soll dem Kind diese Tatsache durch eigenes Ausprobieren verdeutlichen, indem es zwei Pflanzen unter verschiedenen Bedingungen wachsen lässt: eine mit und eine ohne Licht.

Ablauf:

1. Geben Sie dem Kind zwei identische Pflanzen, die es vielleicht selbst einige Wochen zuvor angepflanzt hat.
2. Lassen Sie das Kind die zwei Pflanzen an unterschiedliche Orte stellen, eine ins Licht (zum Beispiel auf eine Fensterbank) und die andere ins völlige Dunkel (zum Beispiel in einen Schrank).
3. Die anderen Bedingungen müssen natürlich identisch sein: Wassermenge, Dünger, Temperatur.
4. Nun soll das Kind jeden Tag das Wachstum der beiden Pflanzen beobachten …
5. Die Übung wird nach wenigen Tagen, spätestens Wochen, Früchte tragen …
6. Schlagen Sie dem Kind vor, die Übung zu beenden, bevor die Pflanze im Dunkeln verdirbt.

Erweiterung:

Man kann diese Übung auch durchführen, indem man einer Pflanze Wasser gibt und der anderen nicht, um dem Kind die immense Bedeutung von Wasser für das Leben zu verdeutlichen.

Die Übung eignet sich gut als Fortführung der Übung »Eine Pflanze retten« (S. 29). Oder Sie schließen diese Übung unmittelbar an diesen Versuch an.

Gefördertes Potenzial:

Betrachten und Vergleichen von Unterschieden, Respekt vor der Natur und dem Leben, Entwicklung des Umweltbewusstseins, Entwicklung des Verantwortungsbewusstseins, Kenntnisse von physikalischen Phänomenen

Wasser vergleichen

  10 Min.

Benötigt werden: je nachdem, wo Sie wohnen, ein Fluss oder das Meer, zwei identische durchsichtige Einmachgläser

———————

Wir haben das unglaubliche Glück, in einem Land zu leben, in dem wir jeden Tag Zugang zu gutem Trinkwasser haben. Diese Übung hat das Ziel, dem Kind nahezubringen, welchen Wert Wasser hat und wie Wasser behandelt wird, indem Wasser aus dem Wasserhahn mit unbehandeltem Wasser aus einem Fluss oder dem Meer verglichen wird.

Ablauf:

1. Je nachdem, wo Sie leben, helfen Sie Ihrem Kind bei einem Ausflug, in eins der zwei transparenten Einmachgläser Wasser aus einem Fluss oder aus dem Meer zu füllen.
2. Wieder zu Hause fordern Sie das Kind auf, das andere Glas mit Leitungswasser zu füllen.
3. Lassen Sie das Kind genau die Unterschiede erkennen: Farbe, vorhandene Teilchen, Geruch …
4. Fragen Sie das Kind, welches Wasser es lieber trinken möchte … Und sensibilisieren Sie es für die Arbeit der Wasserklärung, um ein gutes, gefiltertes, trinkbares Wasser zu bekommen.

Erweiterung:

Fordern Sie das Kind auf, die Gläser mit Spritzen zu befüllen, was nebenbei seine Koordination sowie Durchführung und Beherrschung einzelner Handgriffe schult.

Sie können Ihre Erfahrungen auch dadurch intensivieren, dass Sie gemeinsam ein Wasserklärwerk besuchen.

Gefördertes Potenzial:

Betrachten und Vergleichen von Unterschieden, Entwicklung einer verfeinerten Wahrnehmung und der Unterscheidung von Nuancen, Respekt vor der Natur und dem Leben, Entwicklung des Umweltbewusstseins

Ein Stück Rasen betrachten

 4 Jahre +    20 Min.

Benötigt werden: 1 m² Rasen (egal wo), ein Maßband, Bindfaden, vier Holzspieße, optional eine Lupe

— — — — —

Diese Übung scheint auf den ersten Blick banal, ist aber sehr vielfältig, denn das Kind wird überrascht sein, von ganz nah den Reichtum und die Vielfalt von Flora und Fauna zu entdecken, die ein einfaches Stück Rasen bieten kann.

Ablauf:

1. Fordern Sie das Kind auf, Ihnen den Ort zu zeigen, den es im Garten am spannendsten findet. Dort soll es mit dem Maßband einen Meter abmessen und den ersten Spieß in die Erde stecken. Dann soll es diese Aktion noch dreimal ausführen, bis ein Quadratmeter abgesteckt ist.

2. Das Kind soll nun die vier Spieße mit dem Bindfaden verbinden, um seinen Beobachtungs-Abschnitt festzulegen. Fragen Sie das Kind kurz vorher, was es glaubt, dort beobachten zu können.

3. Lassen Sie das Kind in das Rechteck treten und fordern Sie es auf, alles sehr sorgfältig zu betrachten, mit oder ohne Lupe, alle Einzelheiten »seines« Landabschnitts, etwa 5–10 Minuten lang, je nach Alter. Lassen Sie sich von seinen Entdeckungen berichten.

Erweiterung:

Lassen Sie das Kind die gleiche Übung an einem anderen Ort machen: Es wird erstaunt sein, wie viele Unterschiede in Flora und Fauna man in einem so begrenzten Gebiet entdecken kann.

Gefördertes Potenzial:

Entwicklung des Konzentrationsvermögens, Beobachtungsgabe, ein aufmerksamer Entdecker seiner Umwelt werden, Respekt vor der Natur und dem Leben, Begreifen des unendlich Kleinen

Eine Schneeflocke betrachten

  20 Min.

Benötigt werden: Schnee, dunkler, wasserdichter Stoff, eine Lupe

————

Lassen Sie das Kind beim nächsten Schnee eine Schneeflocke von Nahem betrachten, die durch ihre Perfektion und ihre Symmetrie seinen Sinn für das Schöne und Wunderbare anregen wird.

Ablauf:

1. Bereiten Sie ein Stück dunklen, wasserdichten Stoff vor, am besten einen schwarzen.

2. Das Kind soll den Stoff unter den fallenden Schnee legen.

3. Zeigen Sie dem Kind, wie unterschiedlich groß die Schneeflocken sind. Sobald eine etwas größere Flocke auf den Stoff fällt, fordern Sie das Kind auf, sie von Nahem zu betrachten, mit bloßem Auge, dann mit der Lupe, bevor sie schmilzt oder von anderen Schneeflocken bedeckt wird.

4. Zeigen Sie dem Kind, dass alle Schneeflocken eine sechseckige Form haben und wie perfekt symmetrisch sie sind.

Erweiterung:

Lassen Sie das Kind ein Sechseck zeichnen und dann darin eine imaginäre Schneeflocke, wobei Sie auf die Symmetrie zwischen den sechs Ecken achten sollten.

Gefördertes Potenzial:

Vorbereitung auf die Geometrie, Respekt vor der Natur und dem Leben, Schönheitssinn, Kenntnisse von physikalischen Phänomenen, Begreifen des unendlich Kleinen

Baumrinden vergleichen

 **4 Jahre +**    30 Min.

Benötigt werden: ein Bleistift mit weicher Mine oder ein Kohlestift, weiße Blätter, Kreppband, optional ein Heft oder eine Klarsichthülle

— — — — —

Zeigen Sie Ihrem Kind die fühl- und sichtbaren Unterschiede zwischen den verschiedenen Baumarten, damit es sich bewusst wird, welch große Vielfalt die Natur bietet.

Ablauf:

1. Lassen Sie das Kind ein paar Bäume auswählen, die es mag. Es soll die Augen schließen, um mit den Fingern die Rauheit der Baumrinden zu spüren, und die verschiedenen Baumarten vergleichen, die mehr oder weniger weich oder uneben sind. Animieren Sie das Kind, seine Eindrücke in Worte zu fassen: »Das ist kalt«, »Das ist weich«, »Das sticht«, »Das kratzt« usw.

2. Nun lassen Sie das Kind auf jeden Baum ein Blatt Papier legen, das es an allen vier Ecken mit Kreppband festklebt, so lässt es sich leicht noch einmal verschieben. Das Kind soll nun einen Abdruck jeder Baumart nehmen, indem es vorsichtig mit dem weichen Bleistift oder dem Kohlestift über das Papier geht (nebenbei lernt es so, den Druck auf die Oberfläche anzupassen, sodass das Papier nicht reißt).

3. Fordern Sie das Kind auf, sich die Unterschiede je nach Baumart anzuschauen.

Erweiterung:

So wie beim Herbarium (siehe Übung »Ein Herbarium basteln« auf S. 27) kann das Kind seine Ergebnisse in einem Heft oder einer Klarsichthülle ablegen, vielleicht zusammen mit einem getrockneten Blatt oder seinem Abdruck.

Gefördertes Potenzial:

Ein aufmerksamer Entdecker seiner Umwelt werden, Förderung des Tastsinns, Entwicklung einer verfeinerten Wahrnehmung und der Unterscheidung von Nuancen, Vorbereitung auf das Schreiben, Respekt vor der Natur und dem Leben

Eine Blume untersuchen

 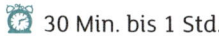 30 Min. bis 1 Std.

Benötigt werden: eine Blume, ein Blatt Papier oder ein Heft, ein Bleistift oder Buntstifte

Die Idee hinter dieser Übung ist es, dass das Kind sich ausführlich eine Blume in all ihren Einzelheiten anschaut (Blütenstaubstängel, Stempel, Blüten, Stängel, Blätter …) und davon eine möglichst detailgenaue Zeichnung anfertigt in der Art einer botanischen Illustration.

Ablauf:

1. Lassen Sie das Kind eine Blume aussuchen, die es besonders mag, sei es im Garten, irgendwo auf dem Land oder bei einem Blumenhändler! Versuchen Sie so gut wie möglich, das Kind in Richtung einer Blume zu lenken, die Stempel und Blütenstaubstängel hat, um die Übung möglichst reichhaltig zu gestalten.

2. Lassen Sie das Kind die Blume einige Minuten alleine untersuchen, an ihr riechen, sie in all ihren Facetten bewundern.

3. Erklären Sie ihm die einzelnen Formen und geben Sie ihm das Vokabular an die Hand, um die Blume und alle ihre Elemente zu beschreiben.

4. Zeigen Sie dem Kind eine botanische Zeichnung und schlagen Sie ihm vor, seine Blume in ähnlicher Weise zu zeichnen.

Erweiterung:

Dies ist die Gelegenheit, die Kenntnisse des Kindes zu vertiefen, was Fortpflanzung, Bestäubung und die Rolle der Blume für Insekten angeht. Diese Übung kann natürlich auch mit der Übung von S. 17 »Bienen beobachten« kombiniert werden.

Gefördertes Potenzial:

Genauigkeit, neues Vokabular, Vorbereitung auf das Schreiben, Respekt vor der Natur und dem Leben, Schönheitssinn

Einen Fußabdruck gießen

 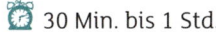

4 Jahre +   30 Min. bis 1 Std.

Benötigt werden: Gips (ca. 200 g), Wasser (ca. 15 cl), ein Gefäß zum Mischen (Einmachglas, Konservenbüchse …), etwas zum Verrühren (Stock …), eine Holzschachtel (z. B. von einem Camembert), ein großer Pinsel

– – – – –

Diese Übung wird den Moment, in dem das Kind zum ersten Mal den Fußabdruck eines Tieres findet (Gams, Wildschwein, Biber …), zu einer unvergesslichen Erinnerung machen.

Ablauf:

1. Bevor Sie losgehen, bitten Sie das Kind, Boden und Deckel von der Käseschachtel zu entfernen, sodass nur der runde Rahmen übrig bleibt.

2. Lassen Sie das Kind einen schönen Abdruck eines Tieres suchen.

3. Sobald es einen ausreichend tiefen und ausgeprägten Abdruck gefunden hat, soll es ihn mit dem großen Pinsel von Staub und anderem Unrat säubern. Dann lassen Sie es den runden Rahmen der Schachtel um den Abdruck legen.

4. Das Kind bereitet nun die Gips-Wasser-Mischung vor (nicht zu fest, aber auch nicht zu flüssig, sonst fließt sie unter der Form durch) und gießt sie in den Rahmen.

5. Nachdem der Gips ausgehärtet ist (ca. 15 Minuten), muss das Kind ihn nur noch vorsichtig aus dem Rahmen nehmen. Der Abdruck wird das genaue Gegenstück zu dem Fußabdruck im Boden sein.

Erweiterung:

Wieder zu Hause kann das Kind vorsichtig die gehärtete Form erneut ausgießen, sodass ein Hohlabdruck daraus entsteht, der realistischer wirkt als der reliefartige.

Gefördertes Potenzial:

Ein aufmerksamer Entdecker seiner Umwelt werden, Geduld, den einzelnen Abschnitten der Übung folgen, Durchführung und Beherrschung einzelner Handgriffe, Respekt vor der Natur und dem Leben

Federn sammeln

  auf einem Ausflug

Benötigt werden: ein großes Heft im Format DIN A4 oder A3 mit dickem Papier (vorzugsweise vom Kind selbst ausgewählt) oder eine Klarsichthülle und dickes weißes Papier, transparentes Klebeband oder Deko-Klebeband

― ― ― ― ―

Wenn das Kind eine Feder-Sammlung angelegt hat, wird es bei Ihren Ausflügen aufmerksamer auf alles achten, es wird seine Wahrnehmung von allem Schönen schärfen und das wunderbare Gebiet der Ornithologie entdecken.

Ablauf:

1. Fordern Sie das Kind auf, von jedem Ausflug die schönsten Vogelfedern mitzubringen.
2. Wieder zu Hause soll es alle Federn in sein Album kleben.
3. Nach und nach wird das Kind seine Kenntnisse vertiefen und kann dann den Namen des Vogels hinzufügen, sobald es ihn identifiziert hat. Wenn das Kind sich für das Gebiet

begeistert, können Sie ihm natürlich auch Bücher dazu an die Hand geben.

Erweiterung:

Wenn das Kind einen Vogel identifiziert hat, ermuntern Sie es, eine Zeichnung davon anzufertigen.

Alternativ können Sie das Kind dazu animieren, sich eine bestimmte Vogelart auszusuchen, die es genauer betrachtet, indem es Notizen darüber führt, mit Skizzen, Beobachtungen, Deckfedern oder Flaumfedern, Fußabdrücken usw. Hühner oder Tauben sind hierfür geeignete Studienobjekte.

Gefördertes Potenzial:

Beobachtungsgabe, Klassifizierung, Entwicklung des Sehsinns, Respekt vor der Natur und dem Leben, Schönheitssinn

Die drei Aggregatzustände von Wasser vergleichen

4 Jahre +   2 Std. Wartezeit und 20 Min. Übung

Benötigt werden: eine Glasscheibe, ein Spiegel oder ein durchsichtiges Glas, ein Topf und alles Notwendige, um Wasser zu erhitzen, eine Eiswürfelform, ein Thermometer für Eisschrank, Haus oder Küche

— — — — —

Ablauf:

1. Fordern Sie das Kind auf, sich einen Krug Wasser zu füllen.
2. Lassen Sie es vorsichtig eine Eiswürfelform mit Wasser füllen. Wenn das Kind diese Aufgaben schon bewältigen kann, schlagen Sie ihm je nach Alter vor, eine Pipette oder Spritze zu benutzen.

3. Stellen Sie den Temperaturregler Ihres Kühlfachs oder Gefrierschranks so hoch wie möglich. Lassen Sie das Kind die Temperatur kontrollieren und dann seine Eiswürfelform hineinstellen.

4. Fordern Sie das Kind auf, einen Topf mit Wasser zu füllen und auf den Herd zu stellen. Je nach Alter des Kindes und unter Einhaltung aller nötigen Vorsichtsmaßnahmen zeigen Sie ihm, wie die Temperatur des Wassers steigt, bis es bei 100 ° C zu kochen beginnt.

5. Das Kind soll nun eine Glasscheibe oder einen Spiegel, am besten einen mit Griff, über das kochende Wasser halten, um den Wasserdampf beobachten zu können, der sich darauf absetzt. Erinnern Sie das Kind daran, regelmäßig die Eiswürfel zu kontrollieren und Sie zu verständigen, wenn sie hart sind. Lassen Sie das Kind dann die Eiswürfel aus der Form nehmen. Es soll sie ins Freie legen und beobachten, wie sie langsam wieder flüssig werden.

6. Sprechen Sie mit dem Kind über seine Eindrücke von der unterschiedlichen Beschaffenheit des Wassers, je nach Temperatur.

Erweiterung:

Nutzen Sie die Übung, um mit dem Kind über den Gebrauch von Wasser zu sprechen und es dafür zu sensibilisieren, Wasser nicht zu verschwenden.

Mit älteren Kindern können Sie bei dieser Übung schon die Celsius-Skala besprechen, bei der der Gefrierpunkt bei 0 °C und der Siedepunkt bei 100 °C liegt.

Gefördertes Potenzial:

Beobachtung und Vergleichen von Unterschieden, Genauigkeit, Messen, Durchführung und Beherrschung einzelner Handgriffe, Kenntnisse von physikalischen Phänomenen

Die Natur sauber halten

5 Jahre +  10 bis 30 Min.

Benötigt werden: ein Fleckchen Natur (Strand, Flussufer, Naturpark), große Müllsäcke, verstärkte Gartenhandschuhe

─ ─ ─ ─ ─

Kinder haben ein natürliches Bedürfnis nach Sauberkeit und Respekt vor der Umwelt. Um dieses Bedürfnis zu verstärken und das Umweltbewusstsein zu fördern, können Sie das Kind auffordern, bei einem Spaziergang alle »vergessenen« Abfälle einzusammeln und so dem Stück Natur seine natürliche Schönheit wiederzugeben.

Ablauf:

1. Geben Sie dem Kind einen festen Bereich vor: »bis zu den großen Bäumen da unten«, »von hier bis zur Bank« usw.
2. Machen Sie das Kind auf gefährliche oder spitze Gegenstände aufmerksam und fordern Sie es auf, die Handschuhe anzuziehen.
3. Geben Sie dem Kind einen Müllsack und damit die Aufgabe, alle aufgefundenen Abfälle hineinzulegen.

Erweiterung:

Noch besser und vernünftiger wäre es natürlich, mehrere verschiedene Müllsäcke zu nehmen, damit das Kind lernt, die Abfälle getrennt einzusammeln und zu Hause den entsprechenden Verwertungen zuzuführen. Diese Übung kann mit derjenigen von S. 51 »Eine Müllverwertungsanlage besuchen« kombiniert werden.

Gefördertes Potenzial:

Förderung des kritischen Bewusstseins und der geistigen Eigenständigkeit, Entwicklung des Sauberkeitssinns, Respekt vor der Natur und dem Leben, Förderung des Umweltbewusstseins, Gemeinschaftssinn

Ein Heft zur Mondbeobachtung anlegen

5 Jahre +  15 Min. jeden Abend

Benötigt werden: ein Heft, Buntstifte, ein Stück Himmel

———

Fordern Sie das Kind auf, Abend für Abend den Mondverlauf zu beobachten, einen kompletten Zyklus von 28 Tagen lang, und alle Veränderungen aufzuschreiben.

Ablauf:

1. Jeden Abend um die gleiche Uhrzeit (vorzugsweise in einer Jahreszeit, in der es früh dunkel wird, um die Schlafenszeit des Kindes nicht zu reduzieren) fordern Sie das Kind auf, den Mond zu betrachten.

2. Besprechen Sie mit dem Kind die täglichen Veränderungen: Form, Position am Himmel, Farbe …

3. Animieren Sie das Kind, jeden Abend eine Zeichnung in seinem Heft anzufertigen, wenn möglich immer im gleichen Maßstab und mit möglichst realistischen Farben. Nach 28 Tagen hat das Kind einen kompletten Zyklus beobachtet. Wenn es sich mehr für Fotografie interessiert, kann es auch jeden Abend ein Foto machen.

Erweiterung:

Lassen Sie das Kind den Mond mit einem Teleskop betrachten, um die Übung zu vertiefen, und erklären Sie ihm, wie der Mond zu- und abnimmt, je nach seiner Stellung zu Sonne und Erde.

Sie können mit dem Kind auch die Beziehung zwischen Mond und Gezeiten besprechen oder seine Wirkung auf den Pflanzenanbau usw.

Gefördertes Potenzial:

Betrachten und Vergleichen von Unterschieden, eine Aufgabe von Anfang bis Ende erfüllen, Erfassung von Dingen aus globaler Sicht, Kenntnisse von physikalischen Phänomenen, Begreifen des unendlich Großen

Die Sterne beobachten

 5 Jahre +    20 Min.

Benötigt werden: ein Stück Sternenhimmel, optional ein Teleskop und ein Himmelsatlas

— — — — —

Was gibt es Faszinierenderes für Kinder, als die Sterne zu beobachten ... Nutzen Sie dieses Interesse, um Ihrem Kind einige Grundlagen in Astronomie zu vermitteln, was es vielleicht dazu animiert, den Himmel künftig noch mehr zu studieren.

Ablauf:

1. Wählen Sie eine klare Nacht, idealerweise eine warme, ohne Wolken, ohne Mond und möglichst weit entfernt von störenden Lichtquellen.

2. Lassen Sie die Augen des Kindes sich ca. 5 bis 10 Minuten an die Dunkelheit gewöhnen.

3. Erläutern Sie dem Kind die astronomischen Grundlagen: die Venus, die nach Einbruch der Dunkelheit gut zu beobachten ist, die Milchstraße, der Polarstern, Großer Bär, Kleiner Bär usw. Bringen Sie ihm bei, künstliche Satelliten und Flugzeuge zu unterscheiden!

4. Sie können sich gerne selbst eines Himmelsatlanten bedienen, um Ihr Gedächtnis ein wenig aufzufrischen …

Erweiterung:

Sie können die Übung mit der auf S. 53 »Eine Nacht unter freiem Sternenhimmel verbringen« verbinden, ja, wenn möglich, sogar eine Nacht mit Sternschnuppen!

Gefördertes Potenzial:

Sich im Weltraum zurechtfinden, Dinge mit Abstand betrachten, Respekt vor der Natur und dem Leben, Kenntnisse von physikalischen Phänomenen, Begreifen des unendlich Großen

Eine Wolkensammlung anlegen

  20 Min.

Benötigt werden: ein Stück Himmel, ein Zeichenblock, Buntstifte

Jeden Tag verändert sich der Himmel und die Form der Wolken wechselt von einer Stunde auf die nächste. Durch diese Übung verfeinert das Kind seine Beobachtungsgabe und vertieft seine Kenntnisse über Wolken und vielleicht auch über die Meteorologie.

Ablauf:

1. Schlagen Sie dem Kind vor, ein Notizbuch über Wolken anzulegen, indem es täglich einen bestimmten Teil des Himmels und die Form der Wolken darin zeichnet.
2. Nach und nach wird das Kind lernen, wie die Wolkenform sich mit dem Wind ändert, welchen Einfluss Wärme und Tageszeit haben, und es kann die Veränderungen notieren.

3. Informieren Sie sich über den wissenschaftlichen Namen der verschiedenen Wolken (Altocumulus, Cirrus, Cirrocumulus, Cumulonimbus, Nimbostratus usw. – man findet diese ganz leicht, wenn man in einer Suchmaschine »Wolkenarten« eingibt) und fordern Sie Ihr Kind auf, mal nach seiner »Wolke des Tages« Ausschau zu halten.

Erweiterung:

Wenn Ihr Kind sich für dieses Gebiet interessiert, können Sie weitergehen, indem Sie dem Kind vorschlagen, sich das Wetter vom Tag und vom nächsten Tag zu notieren, so wird es nach und nach das Zusammenspiel zwischen seinen visuellen Beobachtungen und den Wetterphänomenen erkennen.

Sie können auch das Phänomen der Wolkenbildung erklären und es mit der Übung »Die drei Aggregatzustände von Wasser vergleichen« von S. 41 verbinden.

Gefördertes Potenzial:

Betrachten und Vergleichen von Unterschieden, Klassifizierung, Vorbereitung auf das Schreiben, Respekt vor der Natur und dem Leben, Kenntnisse von physikalischen Phänomenen

Durch ein Mikroskop betrachten

  20 bis 30 Min.

Benötigt werden: ein Mikroskop und verschiedene Objekte zum Betrachten

— — — — —

Das Mikroskop ermöglicht den Blick auf eine andere Realität, die dem bloßen Auge verborgen bleibt, und ermöglicht dem Kind, das unendlich Kleine zu erfassen und zu verstehen, dass der erste Augenschein auch trügen kann ...

Ablauf:

1. Sammeln Sie zusammen mit Ihrem Kind verschiedene Objekte, die man betrachten kann: Fruchtschalen, Blätter, Staub, Haare, Pollen, Stoff, Sand usw. Sein Ideenreichtum wird Sie erstaunen!

2. Je nach Alter des Kindes zeigen Sie ihm, wie man mit dem Mikroskop umgeht und wie man die Einstellungen vornimmt, oder Sie machen es selbst für das Kind.

3. Lassen Sie das Kind die neue Welt entdecken, die sich ihm offenbart …

Erweiterung:

Zur Vertiefung könnte es interessant sein, das Kind aufzufordern, verschiedene Objekte der gleichen Art miteinander zu vergleichen, z. B. Haare von drei Personen, Haare von verschiedenen Tierarten, Sandkörner von drei verschiedenen Stränden, Blätter von drei unterschiedlichen Pflanzen, drei verschiedene Baumarten usw.

Gefördertes Potenzial:

Entwicklung des Konzentrationsvermögens, Beobachtungsgabe, Betrachten und Vergleichen von Unterschieden, Kenntnisse von physikalischen Phänomenen, Begreifen des unendlich Kleinen

Einen Regenbogen zeichnen

5 Jahre +    30 Min.

Benötigt werden: ein sonniger Tag, eine Glasscheibe, ein Wasserglas, ein Wasserzerstäuber, warmes Wasser, ein großes weißes Blatt Papier, Buntstifte

———————

Mit dieser Übung kann Ihr Kind seinen eigenen Regenbogen »erzeugen« und ihn dann naturgetreu zeichnen.

Ablauf:

1. Fordern Sie das Kind auf, ein Glas mit Wasser zu füllen und dieses vor ein sonnenbeschienenes Fenster zu stellen.
2. Legen Sie zusammen ein großes Stück Papier auf den Boden.
3. Je nach Alter des Kindes erwärmen Sie selbst etwas Wasser oder lassen Sie es das Kind machen.
4. Das Kind soll nun den Wasserzerstäuber mit dem warmen Wasser füllen und feine Tröpfchen auf die Glasscheibe sprühen.
5. Lassen Sie das Kind das Wasserglas und das Papier so lange verrücken, bis sich ein Regenbogen auf dem weißen Papier abbildet.
6. Nun muss der Regenbogen nur noch »kopiert« werden, indem das Kind jeden Lichtstrahl zeichnet und dabei möglichst genau die Biegung und die Anordnung der Farben beachtet.

Erweiterung:

Diese Übung bietet die Gelegenheit zu sehen, dass das Lichtspektrum immer in der gleichen Anordnung von Farben gegliedert ist: Rot, Orange, Gelb, Grün, Blau, Indigoblau, Violett.

Bei größeren Kindern können Sie auch das Entstehen von Infrarot und Ultraviolett erwähnen.

Gefördertes Potenzial:

Farbenlehre, Entwicklung des Sehsinns, Entwicklung einer verfeinerten Wahrnehmung und der Unterscheidung von Nuancen, Vorbereitung auf das Schreiben, Schönheitssinn

Eine Samenbombe herstellen

 **5 Jahre +**    1 Std. Vorbereitung, 5 Min. vor Ort

Benötigt werden: eine städtische Gegend, eine Freifläche oder brachliegendes Land, Tonpulver, Erde oder Kompost, Blumensamen

————

Das Prinzip ist ganz einfach: Man muss nur freiliegendes Land oder Brachland finden, eine triste Ecke, irgendeinen nackten, traurigen Flecken … und dort ganz diskret eine »Samenbombe« fallen lassen. Ein paar Wochen später werden dort schöne Feldblumen in leuchtenden Farben blühen!

Ablauf:

1. Fordern Sie das Kind auf, Samen für seine Lieblingsblumen auszuwählen, möglichst mehrjährige Pflanzen für Buntbrachen und bevorzugt solche, die dafür bekannt sind, dass sie Schmetterlinge und Bienen anziehen. Die Samenbomben sollen möglichst erst kurz vor dem Auswerfen angefertigt werden, im Frühjahr, so um den Mai herum.

2. Lassen Sie das Kind in einer Schüssel zwei Einheiten Tonpulver, eine Einheit Erde und ein wenig Kompost (wenn Sie welchen haben) vermengen. Es soll ein wenig Wasser hinzu-

fügen, bis eine Masse entsteht, die die Konsistenz von Knete hat. Das Kind soll nun kleine Bälle daraus formen, in der Größe von Tischtennisbällen, in die es selbst ein Dutzend Samen einsetzt.

3. Wenn die Kugeln fertig sind und die Samen einschließen, sind sie bereit, in einer »Guerilla Gardening«-Aktion ausgeworfen zu werden – ein unvergessliches Erlebnis!

4. Nach einigen Wochen wird die Geduld belohnt – wo es vorher öde und leer war, steht das Kind nun vor einer blühenden Wiese.

Erweiterung:

Animieren Sie das Kind, eine Foto-Reportage von seiner Aktion zu machen, vor allem soll es Vorher-Nachher-Fotos machen.

Gefördertes Potenzial:

Respekt vor der Natur und vor dem Leben, Entwicklung des Umweltbewusstseins, Schönheitssinn

Eine Müllverwertungsanlage besuchen

5 Jahre +   ⏰ ca. 2 Std.

Benötigt wird: Kontakt zur nächstgelegenen Kommune, um Besichtigungstermine in Erfahrung zu bringen

Das ökologische Bewusstsein sollte früh geschult werden, um gut für das Leben gerüstet zu sein. Zur Bewusstseinsbildung schlagen Sie dem Kind vor, eine Müllverwertungsanlage in der Nähe zu besuchen. Es kann den Verwertungskreislauf von Müll danach viel besser verstehen und wird umso mehr die Regeln für die Mülltrennung zu Hause oder in der Schule beachten.

Ablauf:

1. Machen Sie einen Termin für die nächste Führung in einer Müllverwertungsanlage aus.

2. Bereiten Sie Ihren Besuch vor, indem Sie einige Tage vorher besonders auf die Mülltrennung zu Hause aufmerksam machen und das Kind aktiv daran teilnehmen lassen. Dabei werden sicherlich einige Fragen aufkommen. Schreiben Sie sie auf, um sie nicht zu vergessen.

3. Ermuntern Sie das Kind, während der Führung so viele Fragen wie möglich zu stellen, und freuen Sie sich über das Erstaunen des Kindes angesichts der riesigen Müllverwertungsmaschinen.

Erweiterung:

Um diese Übung zu verlängern, übertragen Sie dem Kind nach der Heimkehr einen Tag lang die Verantwortung für die Mülltrennung. Alternativ können Sie mit dem Kind eine Kläranlage Ihrer Kommune besuchen, um es in ähnlicher Weise für den Wasserkreislauf zu sensibilisieren.

Gefördertes Potenzial:

Erfassung von Dingen aus globaler Sicht, Förderung des kritischen Bewusstseins und der geistigen Eigenständigkeit, Entwicklung des Sauberkeitssinns, Entwicklung des Umweltbewusstseins, Verantwortungsbewusstsein

Eine Nacht unter freiem Sternenhimmel verbringen

 **5 Jahre +**   ⏰ eine Nacht

Benötigt werden: ein Garten, eine Ecke auf dem Land oder im Grünen oder einfach ein Balkon, ein Zelt, Schlafsäcke oder Decken und Matratzen, ein Picknickkorb, eine Taschenlampe, optional ein Teleskop

— — — — —

Diese Übung ist sehr leicht durchzuführen und doch wird sie bei dem Kind einen bleibenden Eindruck hinterlassen!

Ablauf:

1. Wählen Sie eine schöne Sommernacht aus, warm und trocken, wenn möglich bei sternenklarem Himmel, und eine grüne Ecke.

2. Bereiten Sie die Übung mit dem Kind zusammen vor und beachten Sie dabei seine Vorlieben und Vorschläge bezüglich der Ausrüstung, die Sie mitnehmen wollen, sowie der Vorbereitung für das Picknick. Hören Sie darauf, was das Kind sich von dem Abend verspricht ... Übergeben Sie dem Kind so viel Verantwortung wie möglich, um die Übung vorzubereiten und zu organisieren, so entwickelt es seinen Sinn für selbstständiges Handeln. Zeigen Sie dem Kind, wie man das Zelt aufbaut und das restliche Equipment verteilt.

3. Das Programm kann den Vorlieben des Kindes oder auch Ihren eigenen angepasst werden (Entdeckung der Astronomie, von Pflanzen usw.).

Erweiterung:

Wenn dem Kind diese Übung Spaß gemacht hat, können Sie das nächste Mal eine Nacht auf einem Boot verbringen oder in einem Wohnwagen oder in einer Hütte mitten im Wald ...

Diese Übung ist leicht mit denen von S. 45 »Sterne beobachten« und S. 191 »Stille hören« zu kombinieren.

Gefördertes Potenzial:

Ein aufmerksamer Entdecker seiner Umwelt werden, Sinn für Selbstständigkeit und Unabhängigkeit, Organisationssinn, Respekt vor der Natur und dem Leben, lernen, still zu sein

Das Erblühen einer Blume beobachten

  1 Min. pro Tag oder pro Stunde

Benötigt werden: eine Digitalkamera, eine Blume mit Knospen, ein Heft oder ein Notizbuch, Kleber

Indem das Kind Tag für Tag, Stunde für Stunde (am Ende sogar Minute für Minute) die verschiedenen Phasen des Erblühens einer Blume fotografisch festhält, macht es ein fast nicht sichtbares Phänomen sichtbar.

Ablauf:

1. Lassen Sie das Kind eine hübsche Blume mit Knospen aussuchen.

2. Vertrauen Sie ihm die Aufgabe an, die Blume jeden Tag aus dem gleichen Blickwinkel zu fotografieren. Idealerweise finden Sie einen festen Platz für die Kamera, sodass sie nicht von einem Tag zum anderen verrückt wird.

3. Wenn die Blume kurz vor dem Erblühen ist, animieren Sie das Kind, regelmäßiger zu fotografieren, vielleicht jede Stunde einmal.

4. Die letzten Augenblicke soll das Kind minütlich fotografieren, bis die Knospe aufbricht!

5. Das Kind kann nun die besten Fotos auswählen und in der richtigen Reihenfolge in sein Heft kleben.

6. Je nachdem, wie schnell es das Heft durchblättert, wird es von neuem der Blume beim Erblühen zusehen können ...

Erweiterung:

Diese Idee kann auch auf das Wachstum einer Pflanze übertragen werden, die man vom Aussäen bis zum Erblühen fotografiert.

Gefördertes Potenzial:

Betrachten und Vergleichen von Unterschieden, Geduld, Entwicklung einer verfeinerten Wahrnehmung und der Unterscheidung von Nuancen, Respekt vor der Natur und dem Leben, Schönheitssinn

Die Temperatur feststellen

6 Jahre +   ⏱ 5 Min. pro Tag, einen Monat lang

Benötigt werden: ein Thermometer, weißes, kariertes Papier, ein Lineal, ein Bleistift

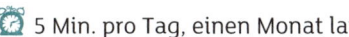

Diese Übung soll dem Kind die Temperaturschwankungen bewusst machen, wobei es diese in einer eigenen Tabelle festhalten kann.

Ablauf:

1. Lassen Sie das Kind die Tabelle vorbereiten: Es soll das karierte Papier in 30 oder 31 Spalten aufteilen (eine pro Monatstag) und circa 30 Zeilen, die es für die Temperaturangabe mit den Zahlen von 0 bis 30 (oder, je nach Jahreszeit, −10 bis 20) beschriftet.

2. Bringen Sie dem Kind bei, die Temperatur auf dem Thermometer abzulesen, immer zur gleichen Tageszeit, die Zahl in der Tabelle zu vermerken und mit dem Punkt vom Vortag zu verbinden.

3. Bestärken Sie das Kind darin, diese Messung selbstständig einen Monat lang fortzusetzen.

4. Am Monatsende diskutieren Sie mit dem Kind die festgestellten Unterschiede.

Erweiterung:

Sie können diese Übung variieren, indem Sie das Kind täglich seine Körpertemperatur messen lassen oder die Temperaturen zu unterschiedlichen Zeiten am Tag vergleichen lassen.

Gefördertes Potenzial:

Betrachten und Vergleichen von Unterschieden, Genauigkeit, eine Aufgabe von Anfang bis Ende erfüllen, Messen, Entwicklung von logischem und mathematischem Denken

Die Geschwindigkeit von Licht und Schall vergleichen

 **6 Jahre +**    5 Min.

Benötigt werden: ein ordentliches Gewitter, ein Chronometer oder eine Armbanduhr

Nutzen Sie ein Gewitter, um dem Kind zu zeigen, wie viel schneller das Licht als der Schall ist (300.000 Kilometer/Sekunde für das Licht gegen 333 Meter/Sekunde für den Schall). Das Kind ist auf die Beobachtung konzentriert und somit abgelenkt, aber es wird verstehen, wie weit entfernt das Gewitter ist, und wird so weniger beunruhigt sein.

Ablauf:

1. Machen Sie das Kind während eines Gewitters auf den zeitlichen Unterschied zwischen Blitz und Donner aufmerksam, der ja erst mit einigen Sekunden Verspätung kommt.

2. Erklären Sie dem Kind, dass diese Verspätung daher kommt, dass das Licht viel schneller unterwegs ist als der Schall und uns der Blitz somit viel schneller erreicht. Je größer der zeitliche Abstand zwischen Blitz und Donner ist, desto weiter entfernt ist das Gewitter.

3. Schlagen Sie dem Kind vor, zu messen, wie weit das Gewitter noch entfernt ist. Für das Kind ist es beruhigend zu wissen, dass der Blitz einige Kilometer weg ist. Dafür muss man die Anzahl der Sekunden zwischen Blitz und Donnerschlag zählen und durch drei teilen. Wenn also zum Beispiel sechs Sekunden zwischen Blitz und Donner liegen, hat der Blitz in ungefähr zwei Kilometern Entfernung eingeschlagen.

Erweiterung:

Nutzen Sie die Gelegenheit, um dem Kind sinnvolle Vorsichtsmaßnahmen im Falle eines Gewitters beizubringen.

Gefördertes Potenzial:

Betrachtung und Vergleichen von Unterschieden, Entwicklung von logischem und mathematischem Denken, Kenntnisse von physikalischen Phänomenen

Das Alter eines Baumes herausfinden

6 Jahre +  15 Min.

Benötigt werden: ein Baumstumpf, optional ein Maßband und Bindfaden

- - - - -

Kinder lieben diese einfache Übung, sie werden sich dabei bewusst über die Zeit, die vergeht, über die Jahreszeiten, über die Kraft und Regelmäßigkeit der Natur.

Ablauf:

1. Fordern Sie das Kind auf, sich bei einem Ausflug einen Baumstamm auszusuchen. Am besten ist der Baum gefällt und liegt noch neben seinem Stumpf, um die Baumart und -größe zu bestimmen.

2. Je nach Alter des Kindes lassen Sie es selbst die Jahresringe zählen oder helfen ihm dabei.

3. Machen Sie dem Kind klar, dass jeder Ring einer Wachstums-phase entspricht, da der Baum im Winter das Wachstum einstellt und das Holz während der Ruhephase dunkler wird. Indem man die Jahresringe zählt, erhält man so das Alter des gefällten Baums.

Erweiterung:

Das Alter eines lebenden Baumes kann man nur schätzen, aber diese Übung kann man gut mit einem älteren Kind machen: Lassen Sie das Kind den Umfang des Baumes messen, indem es ein Maßband oder bei einem größeren Baum einen Bindfaden um den Baum herumspannt. Lassen Sie es den Durchmesser errechnen, indem der gemessene Umfang durch ϖ (Pi, gerundet 3,14) geteilt wird. Dann muss das Kind die Zahl mit dem durch-schnittlichen Wachstumsfaktor der Baumart multiplizieren (z. B. 2 für Kiefern, 3 für Walnussbäume, 1,5 für Pappeln). Diese

Zahlen findet man relativ einfach im Internet, die Berechnung zeigt Ihnen das ungefähre Alter des lebenden Baums.

Gefördertes Potenzial:

Vorbereitung auf die Geometrie, Messen, Entwicklung von logischem und mathematischem Denken, Respekt vor der Natur und dem Leben, Verstehen von Zeit

Das unendlich Große begreifen

  20 Min.

Benötigt werden: ein Strand, transparentes Klebeband, ein weißes Blatt Papier

———————

Diese Übung lässt das Kind den Begriff des unendlich Großen erspüren und entwickelt seinen Sinn für Zurückhaltung und Relativität.

Ablauf:

1. Bei einem Ausflug zum Strand fragen Sie das Kind nach seiner Meinung, wie viele Sandkörner es dort wohl gibt. Je nach Alter wird es ihm schwerfallen, das zu schätzen, und es wird die höchste Zahl nennen, die es kennt (100 oder 1.000 bei den Kleineren).

2. Schlagen Sie dem Kind vor, ein kleines Stück Klebeband auf den Strand zu legen. Es werden natürlich einige Sandkörner hängenbleiben. Wählen Sie am besten eine Stelle aus, wo der Sand schwerer ist, das vereinfacht die Sache.

3. Das Kind soll nun das Klebeband auf ein Stück Papier kleben und dann die Sandkörner zählen. Je nach Alter müssen Sie vielleicht ein bisschen helfen. Das Kind wird sich durch diese

Erfahrung ziemlich schnell über die unglaubliche Anzahl an Sandkörnern bewusst, die es gesammelt hat. Lassen Sie das Kind nun begreifen, welche enorme Anzahl Sandkörner eine Handvoll Sand enthält, ein Eimer, ein Strand … Erklären Sie dem Kind nun, dass es unmöglich ist, bestimmte Dinge zu zählen oder zu quantifizieren und dass Zahlen sich unendlich addieren können.

Erweiterung:

Zur Vertiefung dieser Übung lassen Sie das Kind in einer schönen, sternenklaren Nacht die Unermesslichkeit des Universums und die unendliche Anzahl an Sternen begreifen.

Gefördertes Potenzial:

Geduld, Entwicklung von logischem und mathematischem Denken, Dinge mit Abstand betrachten, Begreifen des unendlich Großen

Ein magnetisches Feld betrachten

 **6 Jahre +**  20 Min.

Benötigt werden: ein großer Magnet, Eisenspäne, kleine Objekte aus Metall, ein weißes Blatt Papier

— — — — —

Magnete haben eine große »Anziehungskraft« auf Kinder. Sie fühlen diese unsichtbare Kraft, die abstößt oder anzieht, je nach der Polarität. Die Übung zielt darauf ab, auf das magnetische Feld eines Magneten hinzuweisen und so das Unsichtbare sichtbar zu machen.

Ablauf:

1. Überlassen Sie dem Kind einen großen Magneten, mit dem es einige Minuten spielen und die Anziehungskraft auf Metallgegenstände ausprobieren kann (Büroklammern, Schrauben usw.).

2. Fordern Sie das Kind dann auf, ein Blatt Papier auf den Magneten zu legen.

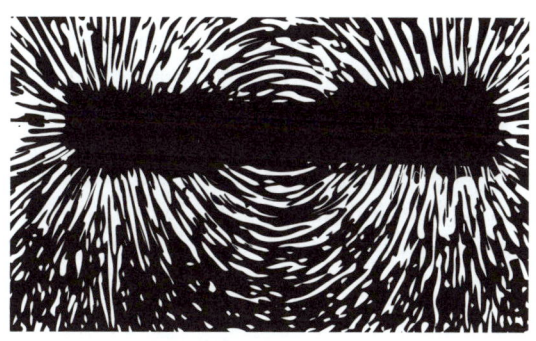

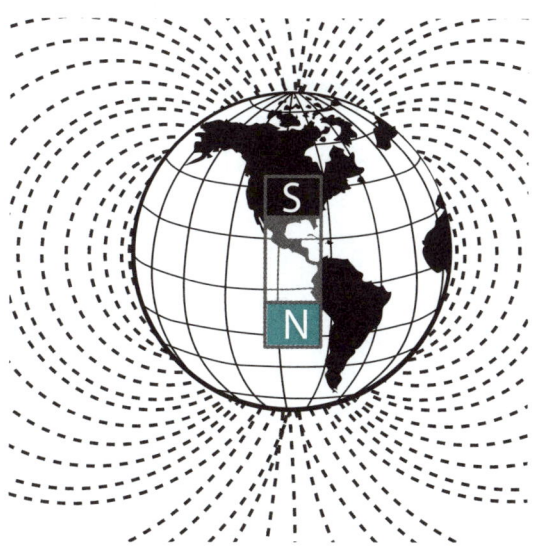

3. Je nach Alter des Kindes helfen Sie ihm, Eisenspäne gleichmäßig auf das Papier zu streuen (Achtung, reinigen Sie die Arbeitsfläche nach dem Experiment sehr sorgfältig).

4. Lassen Sie das Kind das magnetische Feld betrachten, das sich durch die Eisenspäne abzeichnet.

Erweiterung:

Dies ist die Gelegenheit, das Wissen des Kindes über magnetische Felder zu vertiefen, indem Sie zum Beispiel erläutern, dass das gleiche Phänomen sich in größerem Umfang rund um die Erde abspielt, die ein eigenes magnetisches Feld besitzt, vergleichbar mit einem großen Metallstab im Erdzentrum.

Gefördertes Potenzial:

Beobachtungsgabe, Entwicklung von logischem und mathematischem Denken, Durchführung und Beherrschung einzelner Handgriffe, Kenntnisse von physikalischen Phänomen

Dichten vergleichen

  20 Min.

Benötigt werden: ein rohes Ei, ein durchsichtiges Einmachglas oder großes Trinkglas, Salz, Wasser, ein Löffel

―――――

Das Kind kann durch diese Übung den Begriff von Dichte kennenlernen und sie selber fühlen.

Ablauf:

1. Fordern Sie das Kind auf, das Glas mit Wasser zu füllen.

2. Lassen Sie das Kind das Ei (vorsichtig!) ins Wasser legen, es wird sofort sinken. Das Kind soll das Ei wieder herausholen.

3. Nun lassen Sie das Kind Salz ins Wasser streuen und mit dem Löffel verrühren, bis es sich aufgelöst hat. Es soll den Vorgang wiederholen, bis das Salz sich nicht mehr auflöst und das Wasser somit gesättigt ist.

4. Nun soll das Kind das Ei wieder ins Wasser legen – es wird schwimmen, da das Salz die Dichte des Wassers erhöht hat.

5. Erklären Sie dem Kind die Bedeutung von Dichte als das Verhältnis der Masse eines Körpers zu seinem Volumen. Etwas anschaulicher gesagt, besagt die Dichte, ob ein Körper für seine Größe leicht wie eine Feder oder schwer wie ein Stück Eisen ist

Erweiterung:

Das nächste Mal, wenn Sie mit dem Kind am Meer sind, lassen Sie es den Unterschied beim Schweben in Schwimmbadwasser und in Meerwasser spüren, also den Unterschied in der Dichte ... Dieser Unterschied wäre natürlich im Toten Meer am besten zu spüren, aber wenn Sie da gerade keinen Urlaub machen können, schauen Sie einfach gemeinsam einige Bilder davon an!

Gefördertes Potenzial:

Betrachten und Vergleichen von Unterschieden, ein aufmerksamer Entdecker seiner Umwelt werden, Entwicklung von logischem und mathematischem Denken, Kenntnisse von physikalischen Phänomenen

Blattadern betrachten

 **6 Jahre +** ⏲ 30 Min.

Benötigt werden: schöne grüne Blätter, eine Lupe oder sogar ein Mikroskop, einige Blätter weißes Papier, Bunt- oder Bleistifte

––––––

Schlagen Sie dem Kind vor, sehr aufmerksam ein Blatt und seine Adern zu betrachten, damit es versteht, wie Nährstoffe und Wasser durch das Blatt geleitet werden.

Ablauf:

1. Fordern Sie das Kind auf, ein schönes grünes Blatt auszusuchen mit gut sichtbaren Blattadern.

2. Schlagen Sie ihm mehrere Arten der Betrachtung vor: mit bloßem Auge, gegen das Licht, mit einer Lupe, mit dem Mikroskop, wenn Sie eins besitzen, und bei geschlossenen Augen allein mit dem Tastsinn …

3. Um die Verästelung des Blatts noch mehr zum Vorschein zu bringen, lassen Sie das Kind einen Abdruck des Blatts machen, indem es dieses unter ein weißes Papier legt und mit Blei- oder Buntstiften die Konturen der Blattadern durchpaust.

Erweiterung:

Zeigen Sie die Parallelen zwischen dem Wässerungssystem eines Blatts und dem menschlichen Blutkreislauf auf, indem Sie diese Übung mit der auf S. 174 »Den menschlichen Körper betrachten« kombinieren. Dies ist auch die Gelegenheit, noch weiterzugehen und mit dem Kind über Photosynthese und Chlorophyll zu sprechen.

Gefördertes Potenzial:

Beobachtungsgabe, ein aufmerksamer Entdecker seiner Umwelt werden, Durchführung und Beherrschung einzelner Handgriffe, Respekt vor der Natur und dem Leben, Kenntnisse von physikalischen Phänomenen

Eine Kuh melken

 **6 Jahre +**    30 Min.

Benötigt werden: Kontakt zu einem Bauernhof (einem normalen oder einem Lehrbauernhof), eine Kuh, ein Melkschemel, ein Milchgefäß

––––––

Diese Übung, die noch vor fünfzig Jahren für viele Kinder ganz alltäglich war, ist heutzutage selten geworden. Sie wird für das Kind ein unvergessliches Erlebnis bleiben, verbunden mit einem Gefühl für Natur und Tiere, Umweltbewusstsein und dem Erlernen der erforderlichen Handgriffe.

Ablauf:

1. Nehmen Sie Kontakt mit einem Bauern in Ihrer Umgebung auf, dem Sie Ihr Anliegen vortragen, oder zu einem Lehrbauernhof, der solche Angebote im Programm hat. Machen Sie klar, dass Sie das manuelle Vorgehen, nicht das maschinelle meinen.

2. Bereiten Sie die Übung vor, indem Sie mit dem Kind über Säugetiere und die Bedeutung von Muttermilch sprechen und es auf die verschiedenen Milcherzeugnisse aufmerksam machen: Butter, Käse, Joghurt usw.

3. Lassen Sie das Kind die Kuh vor dem Melken anfassen und streicheln, um sie kennenzulernen.

4. Nachdem das Kind den Ausführungen und Ratschlägen des Bauern oder des Betreuers zugehört hat, kann es nun selbst probieren, zu melken.

5. Ein besonderes Vergnügen wird es für das Kind sein, zu Hause einen Kuchen oder einen Imbiss mit der eigenen »Ernte« zuzubereiten!

Erweiterung:

In diesem Sinne können Sie das Kind auf dem Bauernhof seine eigenen Eier suchen lassen.

Gefördertes Potenzial:

Durchführung und Beherrschung einzelner Handgriffe, Respekt vor der Natur und dem Leben, Entwicklung des Umweltbewusstseins, Entwicklung von Feingefühl, sich um andere kümmern

Eine Foto-Safari mit Insekten machen

 **6 Jahre +** 30 Min. bis 2 Std.

Benötigt werden: eine Digitalkamera, ein Fleckchen Natur (in der Stadt oder auf dem Land), ein Computer oder ein Tablet

— — — — —

Das Ziel dieser Übung ist es, dem Kind die Aufgabe zu stellen, möglichst viele Fotos von verschiedenen Insekten als »Trophäe« zusammenzutragen, was dem Kind die Gelegenheit gibt, die Insekten direkt in ihrem Lebensraum zu betrachten sowie sich mit der Fotografie vertraut zu machen.

Ablauf:

1. Bevor Sie die Übung beginnen, zeigen Sie dem Kind, wie man mit einer Digitalkamera umgeht (siehe Übung auf S. 86).

2. Besonders wichtig ist es, dem Kind das Fotografieren mit einem Makro-Objektiv zu zeigen, um möglichst detaillierte Fotos zu machen.

3. Wählen Sie einen schönen Tag aus und machen Sie einen Ausflug. Das Kind soll alle Insekten fotografieren, die es unterwegs sieht, von Nahem, was sowohl seine Geduld als auch seine Beobachtungsgabe und Reaktionsfähigkeit schulen wird!

Erweiterung:

Wieder zu Hause wird es sehr interessant sein, die geschossenen Fotos auf einem großen Bildschirm anzuschauen und alle Details durch Heranzoomen genau zu betrachten.

Gefördertes Potenzial:

Kontrollsinn, Reaktionsfähigkeit, Respekt vor der Natur und dem Leben, Schönheitssinn, Begreifen des unendlich Kleinen

Sich das Wasser auf der Welt vorstellen

8 Jahre + ⏰ 10 bis 15 Min

Benötigt werden: ein Globus, ein kleiner Ball, eine kleine Murmel, ein Grießkorn

Indem das Kind sich über die Verteilung von Wasser auf der Erde bewusst wird und vor allem über das verfügbare Süßwasser, wird es sein Umweltbewusstsein entwickeln und lernen, dieses wertvolle Gut zu respektieren, das wir »blaues Gold« nennen.

Ablauf:

1. Zeigen Sie dem Kind den Globus.

2. Erklären Sie dem Kind, dass wenn man alles Wasser der Erde auf einen Flecken versammeln würde, es nicht mehr als eine Kugel von 1.385 km Durchmesser ausmachen würde, was sehr wenig im Vergleich zum Gesamtdurchmesser der Erde ist.

3. Nehmen Sie einen kleinen Ball, der ungefähr der Dimension auf der Zeichnung entspricht, und erläutern Sie dem Kind, dass dieser Ball das gesamte Wasservolumen der Erde darstellt.

4. Dann erklären Sie dem Kind, dass der Großteil des Wassers auf der Erde Salzwasser ist (97 %), also nicht trinkbar. Nehmen Sie eine kleine Murmel gemäß der Dimension auf der Zeichnung und erläutern Sie dem Kind, dass dies dem Volumen an trinkbarem Süßwasser entspricht, also 3 % des Gesamtvolumens.

5. Allerdings ist dieses Trinkwasser nicht direkt zugänglich, da es zu 99 % in den Tiefen der Erde verborgen ist … Nehmen Sie ein Grießkorn (das dem fast unsichtbaren Punkt auf der Zeichnung entspricht): Es repräsentiert das eine Prozent Wasser an der Oberfläche (Seen, Flüsse), das dem Menschen direkt zugänglich ist …

6. Besprechen Sie mit dem Kind diese Größenverhältnisse und die Probleme, die sich dadurch ergeben.

Erweiterung:

Eine weitere Gelegenheit, das Kind für den respektvollen Umgang mit Wasser zu sensibilisieren, ist es, eine Kläranlage oder ein Wasserwerk zu besuchen.

Gefördertes Potenzial:

Begreifen von globalen Zusammenhängen, Dinge mit Abstand betrachten, Respekt vor der Natur und dem Leben, Entwicklung des Umweltbewusstseins

Kapitel 2

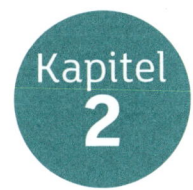

Entdeckung von Kultur und Welt

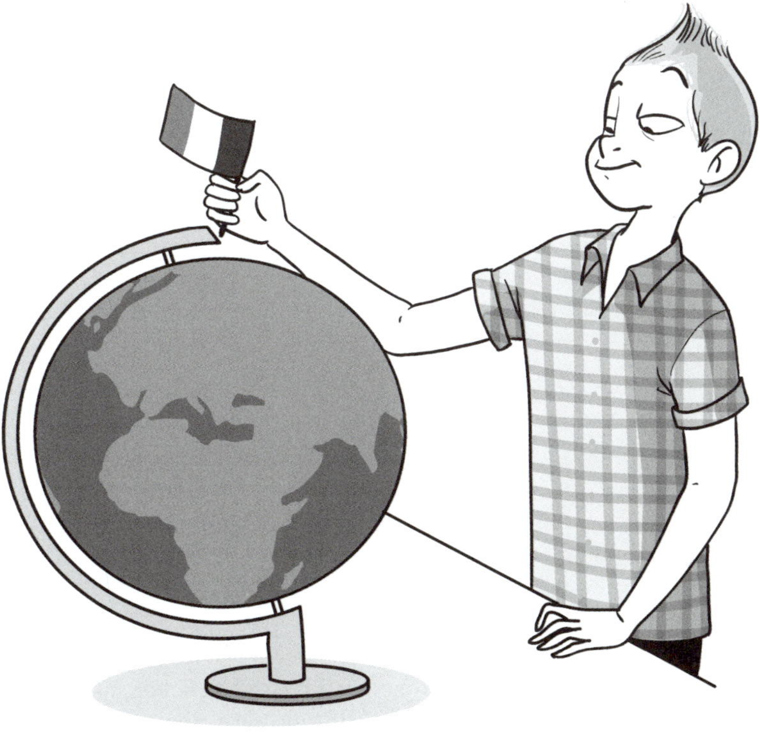

Ein Erinnerungsbuch führen

3 Jahre +   ⏱ 10 bis 15 Min., regelmäßig

Benötigt werden: ein großes Heft oder ein Schnellhefter mit Klarsichthüllen und Blankopapier, Buntstifte oder Filzschreiber, ein Kugelschreiber

─ ─ ─ ─ ─

Dieses Erinnerungsbuch (und seine Nachfolger) wird das Kind durch seine Jugend begleiten. Es kann viel Spaß machen, regelmäßig neue Aktivitäten und Entdeckungen darin einzutragen und sich Monate oder Jahre später damit zu vergnügen, darin zu blättern und in die Vergangenheit abzutauchen. Auch für Kinder fliegt die Zeit und trotz noch weniger Lebensjahre ist vieles schon lange her.

Ablauf:

1. Bei jeder neuen oder außergewöhnlichen Aktivität fordern Sie das Kind auf, sie als Erinnerung zu bewahren: z. B. Ereignisse wie Museumsbesuche, Einladungen zu Geburtstagsfeiern, Kinobesuche, Theaterstücke, Ausprobieren neuer Sportarten, Ausflüge in den Wald, Zoobesuche, Kuchen backen, Sammeln von Wildkräutern usw.

2. Je nach Alter des Kindes schreiben Sie auf, was das Kind Ihnen diktiert, oder es schreibt seine Erinnerungen selbst in sein Heft.

3. Dann soll es wie bei einem Reisetagebuch seine Eindrücke mit Zeichnungen, aufgeklebten Eintrittskarten, Fotos, Prospekten oder Visitenkarten verewigen.

Erweiterung:

Zeigen Sie dem Kind regelmäßig seine alten Hefte oder lassen Sie das gerade aktuelle Heft offen liegen, denn schon die Kleinsten haben große Freude daran, sich die Hefte anzuschauen und in Erinnerungen zu schwelgen.

Gefördertes Potenzial:

Vorbereitung auf das Schreiben, Dinge mit Abstand betrachten, Selbstbeobachtung, Selbsteinschätzung, Begreifen von Zeit

Eine Sprache durch Singen entdecken

  10 bis 15 Min.

Benötigt werden: ein Kinderlied auf Deutsch und in einer anderen Sprache

—————

Manche Kinderlieder existieren in mehreren verschiedenen Sprachen. Das Kind wird sich freuen, ein Lied, das es schon kennt, in einer anderen Sprache zu hören, und wird sich dadurch der Welt und anderen Kulturen öffnen.

Ablauf:

1. Finden Sie ein Lied, das in mehreren Sprachen existiert, mit derselben Melodie, aber verschiedenen Texten. Zum Beispiel: »Frère Jacques/Bruder Jakob« oder »Happy Birthday/ Zum Geburtstag viel Glück«. Und wenn es Ihnen an Inspiration mangelt, der große Klassiker »Der Ententanz« existiert in mehr als 20 Sprachen!

2. Lassen Sie das Kind vorher regelmäßig das Lied in seiner Muttersprache hören, bis es dieses auswendig kennt.

3. Dann fordern Sie es auf, aufmerksam einer anderen Version zuzuhören – es wird überrascht sein!

4. Dies ist eine gute Gelegenheit, dem Kind etwas über die Welt zu erzählen, indem Sie ihm erklären, dass es ungefähr 6.000 Sprachen auf der Welt gibt ...

Erweiterung:

Wenn das Kind sich interessiert zeigt, können Sie einen Schritt weitergehen und ihm die 20 Versionen vom Ententanz vorspielen, um ihm die kulturelle Vielfalt nahezubringen! Sie können dem Kind auch ein Kinderlied in Zeichensprache beibringen (siehe auch die Übung auf S. 148 »Gebärdensprache lernen«).

Gefördertes Potenzial:

Betrachtung und Vergleichen von Unterschieden, Ausbildung des Hörsinns, Öffnung des Geistes, Zuhören, Entdecken der kulturellen Geografie

Lernen mit Sandpapierbuchstaben

 10 bis 20 Min., regelmäßig

Benötigt werden: Montessori-Sandpapierbuchstaben oder selbst gebastelte, wenn Sie keine besitzen (sehr festes Kartonpapier, Sandpapier, Schere, Drucker, Klebefolie)

— — — — —

Durch diese Übung wird das Kind die Form der Buchstaben erkennen und im Gedächtnis behalten und seine Hände werden auf das Schreiben vorbereitet.

Ablauf:

1. Wenn Sie keine Montessori-Sandpapierbuchstaben haben, können Sie sich selber welche basteln. Dazu drucken Sie diese spiegelverkehrt auf Klebefolie aus und kleben dann jeden Buchstaben auf die Rückseite von Sandpapier. Jetzt müssen Sie nur noch die Buchstaben ausschneiden und auf Kartonpapier kleben (ein Blatt für jeden Buchstaben, mit zwei unterschiedlichen Farben für Konsonanten und Vokale).

2. Nehmen Sie einen Buchstaben, zeigen Sie ihn dem Kind und fahren Sie mit Zeigefinger und Mittelfinger darüber, wobei Sie gleichzeitig den Buchstaben laut aussprechen (sagen Sie bei Konsonanten lautsprachlich »bö« und nicht »be«).

3. Nehmen Sie den Buchstaben weg und machen Sie das Gleiche mit zwei anderen Buchstaben.

4. Nun legen Sie dem Kind die drei Buchstaben vor und fordern Sie es auf, Ihnen das »Bö« zu zeigen, dann den Laut zu sagen und den Buchstaben nachzuzeichnen.

5. Machen Sie die gleiche Übung mit den zwei anderen Buchstaben.

6. Schließlich überprüfen Sie das Gelernte, indem Sie dem Kind einen der drei Buchstaben zeigen und es auffordern, den entsprechenden Laut zu sagen und ihn nachzuzeichnen. Danach machen Sie die gleiche Übung mit den zwei anderen Buchstaben.

Erweiterung:

Sehr interessant ist es, das Gelernte mit der Übung »Im Sand zeichnen« (S. 78) zu vervollständigen. Nach dem gleichen Prinzip können Sie dem Kind auch »Sandpapierzahlen« zeigen.

Gefördertes Potenzial:

Vorbereitung auf das Schreiben und Lesen, Betrachtung und Vergleichen von Unterschieden, Fleiß, Verknüpfung, Zuhören

Mit Lauten spielen

 **3 Jahre +**  10 bis 20 Min., regelmäßig

Benötigt wird: kein besonderes Material notwendig

———

Dieses Spiel bereitet das Kind langsam auf das Lesen und Schreiben vor.

Ablauf:

1. Zeigen Sie dem Kind einen Buchstaben (am besten verbinden Sie dies mit den Sandpapierbuchstaben oder »Im Sand zeichnen«, siehe die Übungen S. 74 und S. 78) und sprechen Sie den Buchstaben als Laut aus (z. B. sagen Sie »l« statt »el«).

2. Geben Sie dem Kind ein Wortbeispiel oder einen Vornamen, der damit anfängt: z. B. »Licht«, dabei betonen Sie gut den Laut »L«.

3. Fordern Sie das Kind nun auf, andere Worte zu finden, die mit diesem Buchstaben anfangen.

Erweiterung:

Wenn das Kind diese Übung beherrscht, können Sie weitergehen, indem Sie ein Wort finden, das den Buchstaben enthält und nicht damit anfängt, wie z. B. »Alice«.

Gefördertes Potenzial:

Vorbereitung auf das Schreiben und Lesen, Betrachtung und Vergleichen von Unterschieden, Fleiß, Verknüpfung, Zuhören

Mit einem Rechenschieber umgehen

3 Jahre +  10 bis 20 Min.

Benötigt wird: ein Rechenschieber

_ _ _ _ _

Die Handhabung eines Rechenschiebers schon im frühesten Alter bereitet das Kind ganz langsam auf das Zählen vor und trägt dazu bei, eine logische und mathematische Denkweise zu entwickeln.

Ablauf:

1. Präsentieren Sie dem Kind einen Rechenschieber und zeigen Sie ihm, wie man die Kugeln auf den Stangen hin und her schiebt, immer von links nach rechts, um die Schreibrichtung zu beachten.
2. Zählen Sie dem Kind laut vor: 1, 2, 3 …
3. Lassen Sie das Kind den Rechenschieber bedienen und sich daran gewöhnen.

Erweiterung:

Wenn das Kind größer wird, können Sie langsam damit beginnen, ihm die Grundlagen von Addition und Subtraktion nahezubringen.

Gefördertes Potenzial:

Förderung des Konzentrationsvermögens, Beobachtungsgabe, Entwicklung von logischem und mathematischem Denken, Durchführung und Beherrschung einzelner Handgriffe

Im Sand zeichnen

3 Jahre +    10 bis 20 Min.

Benötigt werden: ein Montessori-Sandtablett, falls vorhanden, sonst ein Tablett mit geraden Seiten und einem farbigen Untergrund, Sand (oder feiner Grieß)

–––––

Diese Übung bereitet das Lesen und Schreiben vor und passt gut zu der Übung mit den Sandpapierbuchstaben: Sie erlaubt eine visuelle und sensorische Annäherung an grafische Formen, verstärkt die Gedächtniswirkung und die Freude am Zeichnen und festigt Schritt für Schritt die Kenntnis der Buchstaben.

Ablauf:

1. Zeigen Sie dem Kind das Montessori-Sandtablett oder das, was Sie selbst vorbereitet haben, wenn Sie keins besitzen.

2. Fordern Sie das Kind auf, zuerst einfach Muster in den Sand zu zeichnen.

3. Dann zeigen Sie ihm grafische Formen, die einfach nachzuzeichnen sind: Kurven, gerade Linien, geometrische Formen, Spiralen usw.; immer von links nach rechts, in Richtung der Handschrift.

4. Wenn das Kind anfängt, sich mit den Sandpapierbuchstaben zu beschäftigen (siehe Übung auf S. 74), lassen Sie es die Entdeckung jedes Buchstabens damit vervollständigen, dass es ihn auch in den Sand malt. Diese Übung bietet dem Kind den immensen Vorteil, sich ohne Konsequenzen vertun zu können. Es kann immer wieder probieren und sich selbst korrigieren, ohne Frustration oder das Gefühl zu scheitern.

Erweiterung:

Der nächste Schritt wäre, mit einem Stock oder einem Stift in den Sand zu zeichnen, um das Kind auf das Schreiben auf Papier mit einem Füller oder Filzstift vorzubereiten.

Gefördertes Potenzial:

Förderung der Konzentration, Fleiß, Entwicklung der visuellen Wahrnehmung und des Tastsinns, Vorbereitung auf das Schreiben, Durchführung und Beherrschung einzelner Handgriffe

Ein Puzzle basteln

  20 Min.

Benötigt werden: eine Postkarte, eine Zeichnung des Kindes auf einer Kartonunterlage oder ein Foto des Kindes, Schere

––– –––

Bei dieser Übung kann das Kind sein eigenes personalisiertes Puzzle herstellen und damit spielen.

Ablauf:

1. Lassen Sie das Kind eine schöne und große Postkarte mit seinem Lieblingsbild aussuchen oder ein Foto, das es besonders liebt und das Sie auf dickem Papier ausdrucken.

2. Das Kind bastelt sich nun sein eigenes Puzzle. Es reicht, wenn Sie ihm vorschlagen, dass es selbst das Bild mit der Schere ausschneiden soll. Je nach Alter sollten Sie ihm zeigen, wie man das Bild in 4, 8 oder 16 Stücke schneidet, mit geraden Schnitten oder auch in gebogenen Formen.

3. Schon ist das Puzzle fertig! Das Kind kann beginnen, damit zu spielen und es wieder zusammenzusetzen, soft es möchte.

Erweiterung:

Wenn das Kind die Übung beherrscht, können Sie es auffordern, alle Puzzlestücke nochmals in zwei Teile zu schneiden, um dann das Puzzle »neu« zu entdecken.

Gefördertes Potenzial:

Entwicklung des Konzentrationsvermögens, Fleiß, eine Aufgabe von Anfang bis Ende erfüllen, Zusammensetzen, Durchführung und Beherrschung einzelner Handgriffe

Verschiedene Musikrichtungen hören

 **3 Jahre +**  20 bis 30 Min.

Benötigt werden: fünf Musikstücke aus verschiedenen Stilrichtungen

————

Es ist nie zu früh, um mit der musikalischen Bildung des Kindes anzufangen!

Ablauf:

1. Bereiten Sie die Übung vor, indem Sie fünf Musikstücke aus komplett verschiedenen Stilrichtungen auswählen, wobei Sie jeweils ein besonders repräsentatives Musikstück oder Lied auswählen. Zum Beispiel: klassische Musik, Jazz, Reggae, Rock, Pop, indische Musik, Didgeridoo, Tanz, Elektro usw. Am besten sind Instrumentalversionen, ohne Text, das erleichtert das Vergleichen.

2. Lassen Sie das Kind ein Musikstück nach dem anderen hören und sagen Sie ihm jedes Mal den Namen des Musikstils dazu.

3. Dann lassen Sie das Kind die Stücke nochmals in einer anderen Anordnung hören, es soll sie wiedererkennen.

4. Diskutieren Sie mit dem Kind seine Eindrücke und fragen Sie, welchen Stil es besonders gut fand.

Erweiterung:

Spielen Sie dem Kind andere Stücke der Musikrichtung vor, die es am besten fand, um sein musikalisches Wissen zu erweitern.

Interssant ist es auch, das Kind verschiedene Versionen desselben Musikstücks vergleichen zu lassen. Manche Versionen sind sehr individuell und entfernen sich komplett von der Originalversion.

Gefördertes Potenzial:

Betrachtung und Vergleichen von Unterschieden, Entwicklung des Hörsinns, Entwicklung der Kritikfähigkeit, Zuhören, Sinn für Kunst

Domino spielen

3 Jahre + ⏰ 20 bis 30 Min.

Benötigt wird: ein Domino-Spiel mit Ziffern oder Zeichnungen, je nach Alter des Kindes

––––––

Das Domino-Spiel erlaubt es, den Geist des Kindes ganz subtil zu formen und auf spielerische Weise einen Begriff von Verbindungen und paariger Zusammengehörigkeit zu vermitteln.

Ablauf:

1. Je nach Alter des Kindes zeigen Sie dem Kind ein Domino-Spiel mit Zeichnungen oder ein ganz klassisches mit Ziffern von 1 bis 6.
2. Erklären Sie dem Kind das Prinzip des Spiels.
3. Spielen Sie mit dem Kind, aber lassen Sie es ruhig selbst das Spiel entdecken, wenn es das möchte.

Erweiterung:

Je nach Alter des Kindes lassen Sie es nebenher die verschiedenen Tiere oder andere Motive auf den Dominosteinen benennen oder lassen Sie es die Anzahl der Punkte beim klassischen Domino zählen. Größere Kinder können schon die Addition der Zahlen auf beiden Seiten von jedem Stein vornehmen.

Gefördertes Potenzial:

Förderung des Konzentrationsvermögens, Betrachtung und Vergleichen von Unterschieden, Zusammenfügung, Assoziation, Entwicklung von logischem und mathematischem Denken

Die Welt durch das Kochen entdecken

  30 Min., nach einem exotischen Essen

Benötigt werden: ein exotisches Essen (im Restaurant oder zu Hause), ein Heft oder ein Schreibblock, ein Globus, Buntstifte

————

Die Idee hinter dieser Übung ist es, den Geist des Kindes für andere Kulturen zu öffnen, nur mithilfe eines Essens, ohne weit reisen zu müssen!

Ablauf:

1. Nutzen Sie die Gelegenheit, wenn Sie ein irgendwie besonderes Essen genießen, sei es im Restaurant oder zu Hause: chinesisch, indisch, mexikanisch, japanisch, libanesisch, marokkanisch oder auch … Pizza und Fast Food! Fragen Sie das Kind, ob es das Herkunftsland dieser Küche benennen kann. Wenn nicht, helfen Sie ihm.

2. Je nach Alter des Kindes fordern Sie es auf, das jeweilige Land auf dem Globus zu finden, oder zeigen Sie es ihm.

3. Nach dem Essen soll das Kind eine Seite in seinem »Reisetagebuch« über das betreffende Land erstellen. Es kann z. B. die Fahne eines jeden Landes malen, die Menüfolge des Essens aufschreiben, eine Skizze der geografischen Form des

Landes zeichnen, drei Basisausdrücke in der jeweiligen Landessprache notieren (Guten Tag, Auf Wiedersehen, Danke), Fotos einkleben usw.

4. Nutzen Sie die Gelegenheit, das Kind zu fragen, welches Land es gerne einmal besuchen würde. So wird das Kind Pläne für die Zukunft machen und vielleicht Reiselust entwickeln.

Erweiterung:

Das Kind kann nun selbst ein Themen-Essen aus seinem Lieblingsland zubereiten.

Gefördertes Potenzial:

Vorbereitung auf das Schreiben, Öffnung des Geistes, Dinge mit Abstand betrachten, Entdeckung der Länderkulturen, Entwicklung des Geschmackssinns

Mit einem Stempel drucken

3 Jahre + 30 bis 45 Min.

Benötigt werden: Kartoffeln, ein Messer oder ein Cutter, Papier, Schere, Tinte oder Farbe in verschiedenen Farben, ein flaches Gefäß (z. B. ein großer Deckel) für die Farbe, Ausstechformen

— — — — —

Mit dieser Übung lernt das Kind ganz nebenbei die Begriffe Vorderseite/Rückseite und wird an das Grundprinzip des Druckens herangeführt.

Ablauf:

1. Wählen Sie zusammen mit dem Kind ein Motiv aus: Blume, Spirale, Kreis, Dreieck usw.

2. Je nach Alter des Kindes malt es das Motiv selbst auf ein Blatt Papier und schneidet es aus, oder Sie helfen ihm dabei.

3. Halbieren Sie eine Kartoffel oder lassen Sie das Kind dies tun.

4. Das Kind drückt nun das ausgeschnittene Motiv auf die Kartoffelseite. Es kann auch eine Ausstechform anstelle des Papiers benutzen.

5. Schneiden Sie Vertiefungen in die Kartoffel, sodass das Motiv erhaben erscheint.

6. Fordern Sie das Kind auf, Farbe in das Gefäß zu gießen.

7. Der Stempel ist fertig! Das Kind muss ihn nur noch auf ein Stück Papier drücken, dabei kann es je nach Geschmack die Farben variieren.

Erweiterung:

Wenn das Kind größer ist, lassen Sie es ein echtes Druckwerk machen, indem es Buchstaben spiegelverkehrt auf die Kartoffelscheibe ritzt und so Worte zusammensetzen kann, seinen Vornamen zum Beispiel.

Gefördertes Potenzial:

Fleiß, Farbensinn, Durchführung und Beherrschung einzelner Handgriffe, Schönheitssinn, Kreativität

Zu einem Konzert gehen

 **3 Jahre +**  1 bis 2 Std.

Benötigt wird: Zugang zu einem Konzert

————

Was für ein Unterschied zu einer CD oder einer MP3-Aufnahme! Das Eintauchen in die Musik bei einem Konzert ist unvergleichbar. Natürlich ist man manchmal zu gehemmt und traut sich nicht, mit einem kleinen Kind zu einem Ereignis zu gehen, das (vor allem, wenn es sich um klassische Musik oder Jazz handelt) Aufmerksamkeit, Geduld und absolute Ruhe verlangt. Wie alles andere ist es aber eine Frage der Gewöhnung – vertrauen Sie dem Kind, bereiten Sie es rechtzeitig auf das Konzert vor, geben Sie ihm einen entsprechenden Rahmen, so kann es sich nach und nach an Livemusik gewöhnen, schon in ganz jungen Jahren.

Ablauf:

1. Beginnen Sie mit Konzerten für kleine Kinder. Sie können auch zu Open-Air-Veranstaltungen gehen, da braucht es weniger Disziplin.

2. Dann gehen Sie mit dem Kind zu Laienkonzerten, bei einem Schulfest zum Beispiel, oder zu Choraufführungen usw.

3. Bald wird das Kind sich an Konzerte gewöhnt haben und Sie können nach und nach auch Konzerte »für Erwachsene« besuchen, wobei Sie mit kurzen Stücken beginnen sollten oder mit solchen Konzerten, bei denen man sich schnell verdrücken kann (z. B. Gospelkonzerte in Kirchen).

4. Das Kind wird nach und nach bereit und empfänglich für größere und längere Konzerte sein … Und dann, warum nicht mal eine Oper!

Erweiterung:

Wenn es dem Kind gefallen hat, können Sie sein Vergnügen verlängern, indem Sie zu Hause regelmäßig weitere Stücke des Künstlers spielen.

Gefördertes Potenzial:

Entwicklung des Hörsinns, Selbstkontrolle, lernen, ruhig zu sein, Entwicklung von Höflichkeit und Freundlichkeit, Entdeckung von Kunst

Sich mit Fotografie vertraut machen

3,5 Jahre +   ⏰ am Anfang 20 Min.,
dann regelmäßig 5 Min.

Benötigt wird: eine Digitalkamera

– – – – –

Vertrauen Sie dem Kind und geben Sie ihm eine echte Digital-kamera. Sie brauchen keine spezielle »Kinderkamera« zu kau-fen – ein mit Verantwortung betrautes Kind, selbst das kleinste, ist vorsichtig und wird eine richtige Kamera respektvoll behan-deln, wenn Sie ihm zeigen, wie sie funktioniert.

Ablauf:

1. Zeigen Sie dem Kind zuerst, wie man die Kamera ein- und ausschaltet. Dann zeigen Sie ihm, wie es die Kamera halten soll, und vor allem, dass es dabei nicht die Linse berühren darf.

2. Zu Beginn stellen Sie die Kamera selbst ein (oder Sie gehen in den automatischen Modus) und zeigen dem Kind nur, wie man auf den Auslöser drückt.

3. Bringen Sie dem Kind bei, sich nicht zu bewegen, indem Sie ihm zwei Fotos zeigen, ein aus der Bewegung gemachtes (d. h. mit Bewegung des Fotografen im Moment der Auf-nahme) und ein unbewegtes. Das Kind wird sehr schnell lernen, wie es sich die Fotos anschauen kann, die es gerade gemacht hat, und wird sie analysieren, um sich ganz natür-lich selbst zu korrigieren.

4. Wenn das Kind dafür empfänglich ist, je nach Alter, kön-nen Sie die Übungen verfeinern, indem Sie ihm zeigen, wie man die Fotos auswählt, mit und ohne Blitz fotografiert, von einem Modus in einen anderen wechselt usw.

Erweiterung:

Auch wenn Fotos Ihnen »nicht gelungen« erscheinen, löschen Sie sie nicht, denn sie repräsentieren die Sichtweise des Kindes, von seiner Höhe aus gesehen und von seinem Gesichtspunkt aus. Zeigen Sie dem Kind Ihre Anerkennung, indem Sie die besten Fotos in »seinem« Album aufbewahren, seine eigenen Aufnahmen.

Gefördertes Potenzial:

Sinn für Selbstständigkeit und Unabhängigkeit, Selbstachtung, Schönheitssinn, Entdeckung von Kunst

Sich von einem Kunstwerk inspirieren lassen

3,5 Jahre +   ⏰ 30 bis 40 Min.

Benötigt werden: Zeichenpapier, Farbe, Filzstifte, ein Lineal

Diese Übung dient dazu, beim Kind die Liebe zur Kunst zu wecken, und das schon in ganz jungen Jahren. Wenn Sie ihm leicht zugängliche Werke zeigen, wird es viel Freude daran haben, sich davon inspirieren zu lassen und seine eigenen Interpretationen zu entwickeln!

Ablauf:

1. Bereiten Sie Reproduktionen von leicht zugänglichen Werken vor mit einfachen Formen und Grundfarben: z. B. Delaunay, Mondrian, Keith Haring, Buren, Matisse (in Teilen), Miró ...

2. Lassen Sie das Kind das Bild wählen, das ihm am besten gefällt.

3. Fordern Sie es auf, ausgehend von diesem Werk ein eigenes zu malen. Dabei ist es unwichtig, ob es das Bild wirklich ko-

piert oder einfach nur bei dem Stil bleibt, wichtiger ist, dass es inspiriert wird!

Erweiterung:

Idealerweise nehmen Sie das Kind mit in ein Museum, wo es ein Werk seines Lieblingskünstlers bewundern kann. Wenn Sie keine Gelegenheit dazu haben, aber merken, dass es das Kind interessiert, schenken Sie ihm ein Buch zu Leben und Werk des Künstlers.

Gefördertes Potenzial:

Farbenlehre, Entwicklung des Sehsinns, Schönheitssinn, Entdeckung von Kunst, Kreativität

Ein Buch schreiben

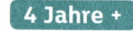  10 Min. regelmäßig

Benötigt werden: ein Heft oder ein Schreibblock, Filzstifte, Buntstifte

———————

Vermitteln Sie dem Kind die Lust am Lesen und Schreiben, indem Sie es seinen ersten Roman schreiben lassen! Es entscheidet alles selbst: die Personen, die Geschichte, die Illustrationen …

Ablauf:

1. Lassen Sie das Kind den Namen einer Person auswählen, aus dem wahren Leben oder aus seiner Fantasie (z. B. »Fluffi«, »Brumm-Brumm«, »kleiner Bär« usw.).

2. Erklären Sie ihm, dass es die Abenteuer dieser Person erzählen darf. Lassen Sie es einen Titel für seine Geschichte wählen (z. B. »Die Abenteuer von Fluffi«).

3. Fordern Sie das Kind auf, Ihnen zu sagen, was der Held machen soll (z. B. »Fluffi geht einkaufen«), und schreiben Sie es für es auf. Schreiben Sie in einer sehr einfachen Handschrift, wie ein Schulkind, damit das Kind es bald wird lesen können. Das Kind soll nun auf der anderen Heftseite eine entsprechende Zeichnung anfertigen, mit der Technik und den Farben seiner Wahl.

4. Je nach Lust und Laune kann das Kind nun regelmäßig eine Seite hinzufügen, die Geschichte wird sich nach und nach entwickeln. Das wird SEIN Buch. Dieser »Roman« kann natürlich auch als Gute-Nacht-Geschichte verwendet werden!

Erweiterung:

Das Kind kann nach demselben Prinzip anstatt Zeichnungen Zeitungsausschnitte oder echte Fotos aus seiner Umgebung einkleben, das wird ein noch persönlicheres Buch!

Gefördertes Potenzial:

Sinn für Selbstständigkeit und Unabhängigkeit, Selbstachtung, Schönheitssinn, Entdeckung von Kunst, Kreativität

Einen Brief schreiben

 4 Jahre +    20 Min.

Benötigt werden: ein Blatt Papier, ein Kugelschreiber, eventuell Filzstifte oder Buntstifte, eine hübsche Briefmarke

———

Zu Zeiten von E-Mails, Handys und Internet, wer nimmt sich da noch Zeit, einen echten Brief zu schreiben? Gerade deshalb ist es eine wahre Freude für das Kind, das Schreiben zu entdecken und auszuprobieren, sein Werk abzuschicken und … eine Antwort im Briefkasten vorzufinden.

Ablauf:

1. Lassen Sie das Kind eine Person wählen, der es gerne einen Brief schreiben würde: Cousine, Freund, Großmutter oder auch dem anderen Elternteil, um ihm eine Freude auf der Arbeit zu machen!

2. Je nach Alter und Willen des Kindes helfen Sie ihm beim Schreiben oder lassen es selber schreiben. Diese Übung ist auch für die ganz Kleinen geeignet, bei denen Sie den Brief wie ein Diktat aufnehmen können.

3. Fordern Sie das Kind auf, seinen Brief mit Zeichnungen, Kollagen, Aufklebern, Pailletten usw. seiner Wahl zu verschönern.

4. Zeigen Sie dem Kind, wie man eine Adresse auf den Brief schreibt und eine Briefmarke darauf klebt.

5. Lassen Sie das Kind den Brief selbst in den Briefkasten werfen.

Erweiterung:

Nehmen Sie das Kind mit in eine Postfiliale und erklären Sie ihm in groben Zügen die Abläufe. Dann lassen Sie es am Schalter die hübschesten Briefmarken auswählen.

Gefördertes Potenzial:

Eine Aufgabe von Anfang bis Ende erfüllen, Kreativität, Vorbereitung auf das Schreiben, Sinn für Selbstständigkeit und Unabhängigkeit, Entwicklung einer aufmerksamen Haltung

Einen Zen-Garten anlegen

4 Jahre + 20 bis 30 Min.

Benötigt werden: ein Montessori-Sandtablett oder ein selbst gebasteltes Tablett, Kieselsteine, eine kleine Harke (falls nicht vorhanden chinesische Essstäbchen oder eine Gabel), eventuell ein Bonsaibäumchen

–––––

Die Kunst des Zen-Gärtnerns ist sehr entspannend: Indem es geometrische Spiralen in den Sand zeichnet und Kieselsteine oder auch ein paar Pflanzen verteilt, beruhigt sich das Kind und konzentriert seinen Geist.

Ablauf:

1. Bei dieser Übung kann man das Montessori-Sandtablett (siehe Übung S. 78 »Im Sand zeichnen«) oder das selbst gebastelte Pendant nutzen.

2. Stellen Sie dem Kind die Übung vor, indem Sie das Sandtablett vor es hinstellen sowie die kleine Harke, die Kieselsteine und eventuell das Bonsaibäumchen.

3. Zeigen Sie dem Kind, wie es mit der Harke den Sand glattstreichen kann (mit der geraden Seite, nicht mit den Zinken), oder, wenn keine Harke vorhanden, mit den quer gelegten Essstäbchen. Dann soll es gleichmäßige Linien über die gesamte Fläche zeichnen.

4. Das Kind kann die Kieselsteine platzieren, wo es will, und um die Steine gleichmäßige, konzentrische Kreise mit der Harke oder der Gabel zeichnen. Wenn es will, kann es noch Deko-Elemente einbauen, wie ein Bonsaibäumchen oder Bambus ... Dann kann es sein kurzlebiges Werk bewundern und von vorn anfangen, so oft es will.

Erweiterung:

Wenn das Kind Interesse für diese Übung gezeigt hat und Sie über eine Terrasse oder einen Garten verfügen, warum lassen Sie es nicht seinen eigenen kleinen Zen-Garten in etwas größerem Maßstab anlegen?

Gefördertes Potenzial:

Genauigkeit, Kreativität, Kontroll- und Gleichgewichtssinn, Schönheitssinn, Entdeckung der Kulturgeografie

Ein Museum besuchen

 4 Jahre + 1 Std.

Benötigt werden: ein Museum nach Wahl des Kindes, Filzstifte, Kugelschreiber

————

Die Lust auf einen Museumsbesuch kann sich schon in ganz jungem Alter herausbilden: Man unterschätzt manchmal, wie sehr Kinder diese Orte des Wissens schätzen lernen können, wenn man sie nur dafür interessiert und sie aktiv an der Erfahrung teilhaben lässt. Museen jeglicher Art (Kunst, Geschichte, Ur- und Frühgeschichte, Naturwissenschaften usw.) öffnen den Geist des Kindes für Wissen und Lernen und, wie Maria Montessori schon sagte, Kinder haben einen enormen Wissensdurst …

Ablauf:

1. Treffen Sie eine Vorauswahl unter verschiedenen Museen und beginnen Sie mit dem, welches das Kind am meisten interessiert. Informieren Sie sich vorab, denn viele Museen bieten extra auf Kinder zugeschnittene Führungen an.

2. Bereiten Sie das Kind auf die Grundregeln der Höflichkeit bei einem Museumsbesuch vor: Ruhe bewahren, die anderen Besucher nicht stören, nichts anfassen usw.

3. Beziehen Sie während des Besuchs das Kind so weit wie möglich ein, machen Sie ein Spiel, stellen Sie ihm Aufgaben: Das Kind kann z. B. versuchen, das Bild auf dem Werbeplakat für die Ausstellung wiederzufinden, das es auf dem Hinweg gesehen hat, oder sein Lieblingsbild auswählen und es nachzeichnen, es kann versuchen, alle Bilder desselben Malers zu identifizieren, alle Objekte mit blauer Farbe zu finden usw.

4. Besuchen Sie einige Wochen später ein anderes Museum!

Erweiterung:

Am Ausgang gehen Sie mit dem Kind in den Museumsshop und lassen Sie das Kind ein kleines Souvenir auswählen: einen Kühlschrankmagneten, ein Plakat, ein Replikat usw. Es könnte sogar eine Postkarte an einen Freund schicken!

Gefördertes Potenzial:

Entwicklung von Höflichkeit und Freundlichkeit, Schönheitssinn, Öffnung für die Kunst, Entdeckung der Menschheitsgeschichte, Öffnung des Geistes

Eine Reisekarte anfertigen

 **5 Jahre +**   5 Min., bei jeder Fortbewegung

Benötigt wird: eine Karte der Welt, des Landes oder Region

– – – – –

Machen Sie dem Kind Lust auf Reisen! Je nach Ihrer Art zu leben, kann es das andere Ende der Welt oder die nächste Straßenecke sein, für das Kind wird es gleich aufregend sein. Das Kind wird nach und nach jede Fortbewegung aufzeichnen (egal ob sie weltweit oder regional ist!), alle Orte, an denen es war, auf einer Karte verzeichnen, um sich die Erinnerung daran zu bewahren, innezuhalten ... und die nächsten Reisen vorzubereiten!

Ablauf:

1. Je nach Typ der Fortbewegung oder Reise, die das Kind am häufigsten macht (Ans andere Ende der Welt? In verschiedene Städte Deutschlands? Oder einfach in die nähere Umgebung?), geben Sie dem Kind eine entsprechende Karte: Weltkarte, Deutschlandkarte, Regionalkarte oder aber eine von Ihrer Siedlung.

2. Wieder zu Hause markiert es den Ort, den es entdeckt hat (mit einem Klebepunkt, einem roten Kreuz, einer Reißzwecke usw.).

3. Nach einigen Jahren wird die Karte mit Punkten übersät sein und das Kind wird eine umfassende Vorstellung von seinen ersten Reisen haben ... Vielleicht wird es Lust bekommen, noch unentdeckte Flecken zu erobern!

Erweiterung:

Das Kind kann diese Übung natürlich dadurch vervollständigen, dass es zu jeder bedeutenden Reise ein Reisetagebuch anlegt, vor Ort gekauft und nach und nach ausgefüllt mit Flugtickets, Eintrittskarten für Museen, Fotos, Zeichnungen usw.

Gefördertes Potenzial:

Sich in der Welt zurechtfinden, Sinn für Selbstständigkeit und Unabhängigkeit, Öffnung des Geistes, Dinge mit Abstand betrachten, Entdeckung der Kulturgeografie

Eine Geschichte wieder zusammensetzen

5 Jahre + 10 bis 20 Min.

Benötigt werden: ein Buch (das geopfert werden kann),
eine Schere

—— —— ——

Das Kind soll versuchen, eine Geschichte in einem Buch, dessen Seiten durcheinandergebracht worden sind, wieder in die richtige Reihenfolge zu bringen. Es wird dabei den Begriff Ordnung und seine Folgen erlernen.

Ablauf:

1. Nehmen Sie ein Bilderbuch, das Sie bereit sind zu opfern, und schneiden Sie alle Seiten aus.

2. Übergeben Sie die durcheinandergebrachten Seiten dem Kind und fordern Sie es auf, die Geschichte wieder zusammenzusetzen.

3. Dann lassen Sie sich die Geschichte vom Kind erzählen, auf seine Art und Weise.

Erweiterung:

Mit einem größeren Kind kann man die Übung vertiefen, indem man auch die Texte ausschneidet und das Kind die Texte den Bildern in der richtigen Reihenfolge zuordnen lässt. Natürlich können Sie die ausgeschnittenen Bilder auch für andere Übungen verwenden, z. B. für »Ein Erinnerungsbuch führen« (Übung S. 72).

Gefördertes Potenzial:

Beobachtungsgabe, Einordnung, eine Reihenfolge beachten, Verknüpfung, Dinge mit Abstand betrachten

Einen Gegenstand erraten

 **5 Jahre +** 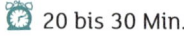 20 bis 30 Min.

Benötigt wird: kein besonderes Material notwendig

— — — — —

Diese Übung, einen Gegenstand zu beschreiben, ohne ihn beim Namen zu nennen, erscheint auf den ersten Blick sehr simpel, ermöglicht dem Kind aber ganz subtil eine Erweiterung seines Vokabulars sowie die Entwicklung der Fähigkeit zu kommunizieren und nachzudenken.

Ablauf:

1. Der Erwachsene erklärt dem Kind die Regeln: Er sucht sich einen Gegenstand zu einem bestimmten Thema aus (Küchengerät, Schulbedarf, Spielzeug, Werkzeug usw.) und umschreibt diesen, ohne den Namen zu nennen: »Es ist ein Ding, das dazu dient (...), das eine (...) Farbe hat, das einem (...) ähnelt usw.

2. Das Spiel beginnt: Das Kind versucht zu erraten, um welchen Gegenstand es sich handelt.

3. Wenn das Kind den Übungsablauf gut verstanden hat, kann man die Rollen tauschen: Das Kind beschreibt nun einen Gegenstand seiner Wahl und der Erwachsene versucht, ihn zu erraten.

Erweiterung:

Um diese Übung zu vertiefen, kann man sich auf abstraktere Dinge konzentrieren: Berufe, Farben, Gefühle usw.

Die Übung kann auch mit der Übung auf S. 198 »Pantomime spielen« verknüpft werden.

Gefördertes Potenzial:

Erweiterung des Vokabulars, Kreativität, Kommunikation, Zuhören

Ein Gedicht schreiben

5 Jahre +   ⏰ 20 bis 30 Min.

Benötigt werden: ein Blatt Papier, ein Kugelschreiber

Schon die Jüngsten interessieren sich für Reime und können leicht selbst kleine Texte erfinden, wenn man sie dazu ermutigt.

Ablauf:

1. Bereits ganz jungen Kindern können Sie vorschlagen, einige Reime zu dichten oder sogar ein kleines Gedicht. Wenn das Kind noch nicht schreiben kann, lassen Sie es sich diktieren.

2. Es ist paradoxerweise manchmal einfacher, kreativ zu sein, wenn man bestimmten Regeln folgt: Wenn das Kind einen kleinen Anschub braucht, schlagen Sie ihm vor, ein Thema durch Auslosung zu bestimmen oder ein Gedicht nach vorgeschriebenen Reimen zu machen oder einen Vers auf seinen Vornamen oder nach den strengen Regeln eines japanischen Haiku usw.

3. Wenn dem Kind diese Übung gefällt, können Sie ein Heft mit all seinen Gedichten anlegen, in dem es sicher sehr gerne noch Jahre später lesen wird.

Erweiterung:

Wenn das Kind gerne Musik hört, lassen Sie es eine Melodie für ein Lied erfinden, es wird dann Autor, Komponist und Interpret sein!

Gefördertes Potenzial:

Kreativität, Sinn für Selbstständigkeit und Unabhängigkeit, Selbstachtung, Schönheitssinn, Öffnung für die Kunst

Sein eigenes Alphabet schaffen

5 Jahre +   1 bis 1,5 Std.

Benötigt werden: ein schönes Heft, das das Kind selbst ausgesucht hat, oder ein großes Blatt Papier im A2-Format, Zeitschriften zum Ausschneiden, eine Schere, Kleber

— — — — —

Indem das Kind selbst sein eigenes Alphabet schafft, bereitet es sich umso besser auf das Lesen und Schreiben vor.

Ablauf:

1. Lassen Sie das Kind große Buchstaben ausschneiden, z. B. aus den Überschriften in Zeitschriften. Wenn Sie keine Zeitschriften haben, drucken Sie einfach ein paar Überschriften aus. Das Kind soll die Buchstaben in sein Heft oder auf das große Blatt Papier kleben.

2. Sprechen Sie die Buchstaben als Laut aus (sagen Sie also »l« und nicht »el«) und fordern Sie das Kind auf, sie zu wiederholen. Wenn Sie diese Übung vorbereitet haben, können Sie sie mit der Übung von S. 74 »Lernen mit Sandpapierbuchstaben« verbinden.

3. Fordern Sie das Kind auf, Wörter zu finden, die mit diesem Buchstaben beginnen. Dann soll es sie aus den Zeitschriften ausschneiden.

4. Neben jeden Buchstaben soll das Kind das entsprechende Motiv kleben. So schafft es sich Buchstabe für Buchstabe sein eigenes Alphabet.

Erweiterung:

Diese Übung kann man mit Fotos von Gegenständen im Haus vertiefen oder indem man ein dreidimensionales Alphabet schafft mit ausgesuchten Gegenständen aus der Umgebung des Kindes. »D wie Deckel, S wie Socke«.

Gefördertes Potenzial:

Zuordnung, eine Aufgabe von Anfang bis Ende erfüllen, Kreativität, Vorbereitung auf das Schreiben

Ein Erfindungsbuch führen

6 Jahre +　⏰ 10 bis 15 Min., regelmäßig

Benötigt werden: ein Heft nach Wahl des Kindes, ein Bleistift, ein Radiergummi, Filzstifte, Buntstifte …

––––––

Fördern Sie die Kreativität des Kindes, indem Sie es auffordern, sein eigenes Erfindungsbuch zu führen, so wie ein moderner Leonardo da Vinci!

Ablauf:

1. Erklären Sie dem Kind das Prinzip eines Erfindungsbuchs: Es ist ein Buch oder ein Heft, in das man regelmäßig eine neue Idee, welcher Art auch immer, einträgt: Verbesserung eines alltäglichen Gegenstands, ein noch nicht dagewesenes Rezept, eine der Fantasie des Kindes entsprungene Maschine, ein selbst erfundenes Möbelstück usw.

2. Inspirieren Sie das Kind, indem Sie ihm Reproduktionen von Leonardo da Vincis Heften zeigen!

3. Lassen Sie das Kind regelmäßig seine neuen Ideen und Erfindungen aufschreiben, ohne sie zu bewerten. Auch (oder vor allem!) wenn es die verrücktesten Ideen sind! Je nach seinem Alter diktiert das Kind Ihnen die Dinge oder schreibt sie selbst auf. Es kann die Ideen natürlich noch mit Notizen, Zeichnungen, Skizzen usw. versehen.

4. Es wird Vergnügen daran haben, sich in das Buch zu vertiefen und es immer wieder zu erweitern.

Erweiterung:

Wenn das Heft zur Genüge gefüllt ist, fordern Sie das Kind auf, eine der Erfindungen auszuwählen und sie zu realisieren!

Gefördertes Potenzial:

Entwicklung von logischem und mathematischem Denken, Sinn für Selbstständigkeit und Unabhängigkeit, Öffnung des Geistes, Dinge mit Abstand betrachten, Kreativität

Ein Heft mit Berufen anlegen

6 Jahre +  20 Min., regelmäßig

Benötigt werden: ein Heft, farbige Filzstifte, ein Kugelschreiber

Wieso erst den Schulabschluss abwarten, um über seine Neigungen und einen Berufswunsch nachzudenken? Diese Übung hat zum Ziel, dem Kind die ganze Bandbreite der Berufe zu zeigen, um nach und nach herauszufinden, welche es am meisten anziehen und seinen Neigungen am besten entsprechen.

Ablauf:

1. Fordern Sie das Kind auf, sich ein schönes und großes Heft auszusuchen, das ihm gefällt.
2. Sobald das Kind einen neuen Beruf entdeckt (in einem Geschäft, im Fernsehen, im Gespräch mit seiner Umgebung, in der Schule, im Gespräch mit seinen Freunden usw.), notiert es diesen in seinem Heft (oder diktiert es Ihnen, wenn es noch nicht schreiben kann).

3. Je nach Alter kann das Kind den Beruf mit einer Zeichnung versehen oder Notizen dazu machen.

4. Sprechen Sie mit dem Kind über den jeweiligen Beruf und erläutern Sie ihm mehr Einzelheiten dazu, wenn es will. Fragen Sie, ob das ein Beruf ist, der das Kind interessiert, und warum (oder warum nicht).

5. Fordern Sie das Kind auf, sich mehr Informationen über die Berufe zu verschaffen, die es am interessantesten findet.

Erweiterung:

Das Kind kann jemanden aus der Branche befragen, die es am interessantesten findet, oder sogar um Erlaubnis bitten, einen Vormittag oder Tag mit ihr oder ihm zu verbringen, um den Berufsalltag zu beobachten.

Gefördertes Potenzial:

Erweiterung des Vokabulars, Öffnung des Geistes, Entwicklung von kritischer Beurteilung und unabhängigem Denken, Kommunikation, Zuhören

Die verschiedenen Alphabete entdecken

6 Jahre +   ⏰ 30 Min.

Benötigt werden: ein Blatt mit vier Alphabeten, ein Blankopapier, ein Kugelschreiber

Indem das Kind verschiedene Alphabete vergleicht, kann es seinen Geist für die Unterschiede und die Entdeckung anderer Kulturen öffnen. Und vielleicht bekommt es Lust darauf, andere Sprachen zu lernen.

Ablauf:

1. Bereiten Sie vier verschiedene Alphabete vor (darunter das lateinische, das das Kind schon kennt), zum Beispiel: Kyrillisch, Arabisch, Chinesisch, Japanisch, Griechisch usw.

2. Erklären Sie dem Kind, dass nicht in allen Ländern das gleiche Alphabet benutzt wird, und präsentieren Sie ihm die vorbereiteten Beispiele, eins nach dem anderen, um das Kind nicht zu verwirren.

3. Wählen Sie einen Buchstaben aus und vergleichen Sie diesen in den verschiedenen Alphabeten. Das »B« zum Beispiel.

4. Fordern Sie das Kind auf, einen Buchstaben auszusuchen, den es in vier verschiedene Schreibweisen übertragen kann.

Erweiterung:

Bei jedem Alphabet können Sie dem Kind erläutern, in welchem Land es vorwiegend angewendet wird. Zeigen Sie es ihm auf einem Globus.

Gefördertes Potenzial:

Betrachtung und Vergleichen von Unterschieden, Vorbereitung auf das Schreiben, Öffnung des Geistes, Dinge mit Abstand betrachten, Entdeckung der Kulturgeografie

chinesisch	lateinisch

月 官 匹 刀 三
下 巨 升 工 丁
水 心 冊 內 口
戶 巳 尺 弓 七
白 人 山 父 了
乙

A B C D E F G H I J K L M
a b c d e f g h i j k l m

N O P Q R S T U V W X Y Z
n o p q r s t u v w x y z

kyrillisch

Aa *Aa* Бб *Бб* Вв *Вв* Гг *Гг*
Дд *Дg* Ее *Ее* Ёё *Ёе* Жж *Жж*
Зз *Зз* Ии *Ии* Йй *й* Кк *Кк*
Лл *Лл* Мм *Мм* Нн *Нн* Оо *Оо*
Пп *Пп* Рр *Рр* Сс *Сс* Тт *Тт*
Уу *Уу* Фф *Фф* Хх *Хх* Цц *Цц*
Чч *Чч* Шш *Шш* Щщ *Щщ* Ъъ *Ъъ*
Ыы *Ыы* Ьь *Ьь* Ээ *Ээ* Юю *Юю* Яя *Яя*

arabisch

ح	ج	ث	ت	ب	ا
ha	jim	tha	ta	ba	alif

س	ز	ر	ذ	د	خ
sin	za	ra	zal	dal	kha

ع	ظ	ط	ض	ص	ش
'ain	za	ta	dhad	sad	shin

م	ل	ك	ق	ف	غ
mim	lam	kaf	qaf	fa	ghain

ي	ء	ه	و	ن
ya	hamzah	ha	waw	nun

Einen Globus und eine Weltkarte vergleichen

6 Jahre +   ⏰ 30 Min.

Benötigt werden: ein Globus, eine Weltkarte, eine Orange

Der Globus ist die präziseste Darstellungsform unserer Erde. Aber man kann natürlich keinen alles umfassenden Blick darauf werfen, man kann nicht die ganze Erde mit einem Blick erfassen. Wenn man die Erde »auseinanderrollt«, um sie flach hinzulegen, so erhält man eine Weltkarte mit einer eindimensionalen Betrachtungsweise, aber leider verzerrt. Diese Übung zeigt dem Kind die unterschiedlichen Darstellungsweisen der Erde und macht ihm nebenher begreiflich, wie ein dreidimensionales Objekt in ein zweidimensionales umgewandelt wird, mit den damit einhergehenden Verformungen.

Ablauf:

1. Zeigen Sie dem Kind den Globus und lassen Sie es diesen in seinem Rhythmus entdecken. Beantworten Sie alle Fragen.

2. Zeigen Sie ihm vor allem, wo genau sein eigenes Land liegt.

3. Erklären Sie ihm, dass es auch möglich ist, die ganze Welt auf einen Blick zu sehen. Führen Sie ihm den Nutzen einer Weltkarte vor Augen.

4. Bevor Sie dem Kind die Karte zeigen, fordern Sie es auf, ein dreidimensionales Objekt in ein zweidimensionales umzuwandeln, indem Sie als Beispiel eine Orange nehmen, sie schälen und versuchen, sie flach hinzulegen ...

5. Zeigen Sie dem Kind nun die Karte und erklären Sie ihm, dass man genau dieselben Schwierigkeiten dabei hatte. Zeigen Sie ihm die möglichen Lösungen: Deformation der Länder, ungenaue Proportionen, unrichtige Darstellung der Pole usw.

6. Zeigen Sie dem Kind auch verschiedene Erdteilkarten und fordern Sie es auf, über die Darstellung der Welt je nach Ausgangspunkt nachzudenken, so soll es zum Beispiel die Größe Afrikas oder Südamerikas je nach Erdteilkarte vergleichen usw.

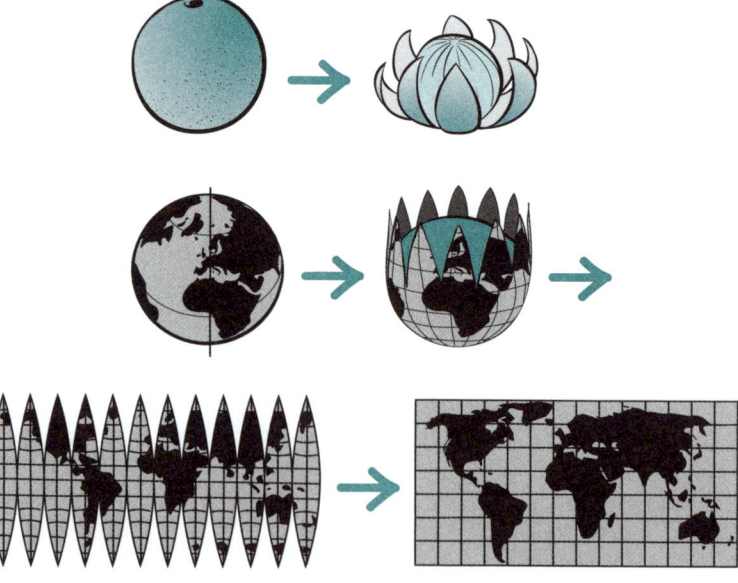

Erweiterung:

Geben Sie dem Kind kleine Aufgaben: ein Land bestimmen, das es als nächstes besuchen will, die fünf Kontinente suchen usw.

Gefördertes Potenzial:

Beobachtungsgabe, Betrachtung und Vergleichen von Unterschieden, Entwicklung von kritischer Beurteilung und unabhängigem Denken, Dinge mit Abstand betrachten, Entdeckung der Kulturgeografie

Einen Brieffreund haben

 **6 Jahre +**  30 Min. pro Brief

Benötigt werden: ein Computer (oder Briefpapier), Briefumschläge, Briefmarken

---

Ein Brieffreund, das ist ein Freund am anderen Ende der Welt, der uns viel über sein Leben, seine Kultur, sein Land erzählen kann und nach und nach ein Vertrauter wird. Und natürlich ist es eine gute Gelegenheit, Fortschritte in einer fremden Sprache zu machen!

Ablauf:

1. Es ist recht einfach, über persönliche Kontakte, über Städtepartnerschaften, über das Internet oder über die Schule einen Brieffreund zu finden. Je nach Alter des Kindes kann es früh damit anfangen, wobei Sie dem Kind beim Briefeschreiben helfen und ihm die Antworten vorlesen müssen. Anfangs sollte es ein deutschsprachiges Land sein, später wird das Kind selbstständiger und kann eine Sprache seiner Wahl nehmen.

2. Das Kind soll zwischen einem Brieffreund via E-Mail oder per Post wählen. Beide Varianten haben ihre Vor- und Nach-

teile: Die E-Mail ist kürzer und schneller, der Austausch ist regelmäßiger. Und doch ersetzt nichts den Charme eines wirklichen Briefes, vor allem aus dem Ausland, dem man irgendwelche Dinge, Fotos usw. beifügen kann.

3. Die Dinge nehmen ihren Lauf oder auch nicht. Lassen Sie das Kind selbst mit dieser Beziehung umgehen, da sie sehr persönlich ist.

Erweiterung:

Eines Tages begegnen sich die Kinder vielleicht persönlich … In der Zwischenzeit haben sie Gelegenheit, sich gegenseitig ihre Länder und ihre Umgebung nahezubringen.

Gefördertes Potenzial:

Vorbereitung auf das Schreiben, Öffnung des Geistes, Kommunikation, Entwicklung von Freundlichkeit und Höflichkeit, Entdeckung der Kulturgeografie

Maßeinheiten lernen

6 Jahre +    30 bis 45 Min.

Benötigt werden: ein Maßband, ein Lineal, eine 5-Meter-Rolle Band, eine Schere, durchsichtige Tütchen oder Sicherheitsnadeln

––––––

Durch diese Übung soll das Kind die Bedeutung von Maßeinheiten kennenlernen und das metrische System üben.

Ablauf:

1. Lassen Sie das Kind einen Meter Band abmessen und schneiden Sie das Stück ab. So sieht das Kind, was ein Meter ausmacht. Nun lassen Sie es bei einem zweiten Stück Band mit einem Lineal 10 Teile à 10 cm abmessen und abschnei-

den. So lernt es, was 10 cm ausmachen und dass 10 x 10 cm einen Meter ergeben.

2. Nun soll es aus dem ursprünglichen Band einen Teil von 10 cm Länge abschneiden und aus diesem Teil wiederum 10 Teile à 1 cm vermessen und abschneiden. So lernt es die Bedeutung von einem Zentimeter und wieder die Multiplikation mit 10. Lassen Sie das Kind sich in seinem Rhythmus mit dem Band beschäftigen.

3. Zum Abschluss können Sie dem Kind eine kleine Aufgabe stellen: einen Meter mit bloßem Auge, also ohne abzumessen, vom Band abschneiden. Es kann sich dann selbst korrigieren, indem es das Band vermisst und feststellt, ob es sich verschätzt hat.

4. Am Ende der Übung können die einzelnen Teile in durchsichtigen Tütchen verstaut werden, um sie nicht zu verlieren, oder auch mit einer Sicherheitsnadel verbunden werden.

Erweiterung:

Zur Vertiefung der Übung wäre es interessant, einen Weg von einem Kilometer in der Umgebung des Hauses mit einem Schrittmesser abzumessen. Das Kind wird so lernen, was diese Distanz ausmacht.

Gefördertes Potenzial:

Betrachtung und Vergleichen von Unterschieden, Genauigkeit, den einzelnen Abschnitten der Übung folgen, Verfeinerung des visuellen Gedächtnisses für Dimensionen, Messen

Ein eigenes Wappen erfinden

6 Jahre +    30 Min. bis 1 Std.

Benötigt werden: ein Blatt dickes Papier, Buntstifte

—————

Wie früher die Ritter und Könige soll das Kind sein eigenes Wappen erfinden, das es repräsentiert.

Ablauf:

1. Erklären Sie dem Kind, was ein Wappen ist: ein Schild (Wappenschild), das das Wappen (also Farben oder Symbole) einer Familie, einer historischen Persönlichkeit, einer Stadt usw. trägt. Zeigen Sie ihm einige Beispiele.

2. Lassen Sie das Kind sich seine eigenen Farben und Symbole aussuchen (das Lieblingstier, eine Zeichnung, die eine vom Kind geschätzte Charaktereigenschaft symbolisiert, ein Objekt, das es sehr gerne mag, eine Pflanze usw.).

3. Fordern Sie das Kind auf, seiner Kreativität freien Lauf zu lassen!

Erweiterung:

Wenn die Wissenschaft der Heraldik (Wappenkunde) das Kind interessiert, nehmen Sie das Kind mit in ein Schloss, um Wappen zu entdecken, die oft auf den Fassaden, Türen, Kamineinfassungen usw. zu sehen sind.

Gefördertes Potenzial:

Kreativität, Selbstbeobachtung, Selbstachtung, Schönheitssinn, Entdeckung der Menschheitsgeschichte

Einen eigenen Stammbaum mit Fotos realisieren

6 Jahre +    1 bis 2 Std.

Benötigt werden: ein großes Blatt Papier im Format A3 oder A2, je nach Anzahl der Generationen, Buntstifte, Fotos der Familienmitglieder

— — — — —

Durch diese Übung wird das Kind sich mit seiner eigenen Familie auseinandersetzen und sich mit der Genealogie beschäftigen, was ihm vielleicht Lust darauf vermitteln wird, mehr über seine Wurzeln zu erfahren …

Ablauf:

1. Bereiten Sie Fotos der Familie aus beiden Linien vor, indem Sie so viele wie möglich zusammensammeln, am besten über vier oder fünf Generationen. Versuchen Sie, die Fotos alle in das gleiche Format zu bringen, die Gesichter im Mittelpunkt. Erklären Sie dem Kind das Prinzip eines Stammbaums.

2. Je nach Alter des Kindes bereiten Sie freie Felder auf dem Papier vor oder lassen Sie es das Kind selbst tun.

3. Lassen Sie das Kind die Bilder in die richtige Position bringen und helfen Sie ihm bei weiter entfernten Generationen, die es nicht kennt.

4. Das Kind soll die Lebensdaten und kompletten Namen jedes Familienmitglieds aufschreiben.

5. Es kann nun den Stammbaum mit Farben, Zeichnungen usw. verschönern.

Erweiterung:

Wenn das Kind sich interessiert zeigt, kann es seine Kenntnisse vertiefen, indem es die Großeltern befragt oder auch die Ur-Großeltern, die die Hüter der Familiengeschichte sind. Diese können großen Spaß daran haben, die Fragen der Kinder zu beantworten, von den Orten, an denen sie gelebt haben, oder über große Familienereignisse usw. zu erzählen.

Gefördertes Potenzial:

Eingruppierung, Dinge mit Abstand betrachten, Kommunikation, Zuhören, Begreifen von Zeit

Sich mit Archäologie beschäftigen

6 Jahre +  1 bis 3 Std.

Benötigt wird: ein Spaziergang zwischen Ruinen oder der Besuch einer Ausgrabungsstätte

─────

Ein Archäologe zu sein ist ein bisschen wie Schatzsuche … Durch diese Übung wird das Kind mehr über Geschichte erfahren, indem es Ruinen entdeckt, deren Herkunft Sie ihm erklären können.

Ablauf:

1. Beginnen Sie damit, dem Kind historische Stätten zu zeigen, die in Ihrer Umgebung zu sehen sind, z. B. galloromanische Siedlungen, Säulen eines römischen Tempels, die Überreste eines Aquädukts …

2. Nehmen Sie mit dem Kind an einer Einführung in die Archäologie teil, wo es eine Ausgrabungsstätte aus der Nähe betrachten und so besser die tägliche Arbeit eines Archäologen verstehen kann.

Einige Tipps: Kontaktieren Sie das Fremdenverkehrsamt Ihrer Region oder profitieren Sie von den nächsten Archäologie-Tagen oder Tagen des offenen Denkmals, wo man Gelegenheit hat, mit Archäologen zu sprechen und Ausgrabungsstätten zu besichtigen.

Erweiterung:

Ein Besuch in dem nächstgelegenen Archäologie- oder Geschichtsmuseum ist sehr anregend. Das Kind wird dort Alltagsgegenstände aus alten Zeiten entdecken: Feuersteine, Gefäße, Schmuck, Waffen, Skulpturen usw. Damit wird es sich besser in die Vergangenheit hineinversetzen können.

Gefördertes Potenzial:

ein aufmerksamer Beobachter seiner Umgebung werden, sich in der Geschichte zurechtfinden, Dinge mit Abstand betrachten, Begreifen von Zeit, Entdecken der Menschheitsgeschichte

Sich mit einer Landkarte befassen

 **7 Jahre +**    20 Min.

Benötigt werden: eine Karte der Stadt oder des Dorfes, in dem das Kind lebt

———————

Bloß weil es GPS gibt, heißt das nicht, dass man nicht mehr lernen sollte, eine Landkarte zu lesen! Das Kind wird mit großem Spaß lernen, sich zurechtzufinden, und diese Übung lässt die dreidimensionale Sichtweise zu einer zweidimensionalen werden, wodurch der Geist des Kindes für Logik, Geometrie und mathematische Überlegungen geschult wird.

Ablauf:

1. Erklären Sie dem Kind vor der Übung das Grundprinzip einer Landkarte.
2. Lassen Sie das Kind die Hauptachsen der Stadt oder die Hauptstraßen des Dorfes auf der Karte ausfindig machen.
3. Fordern Sie es dann auf, die Haupt-Sehenswürdigkeiten zu identifizieren, die es schon kennt.
4. Lassen Sie es nun seine eigene Straße, seine Schule, sein Lieblingsgeschäft usw. suchen.

Erweiterung:

Wenn das Kind die Grundbegriffe einer Landkarte verstanden hat, können Sie zu komplexeren Karten übergehen und dem Kind die Bedeutung von Kartenmaßstäben, Kartenlegenden, Höhenlinien usw. näherbringen.

Sie können dem Kind auch eine Luftansicht wie bei Google Maps zeigen, um ihm eine andere Sicht auf die Gegend, mit der es sich bereits beschäftigt hat, zu verschaffen.

Gefördertes Potenzial:

Beobachtungsgabe, Begreifen von globalen Zusammenhängen, sich in einer Gegend zurechtfinden, Dinge mit Abstand betrachten, Entdecken der Kulturgeografie

Einen Plan zeichnen

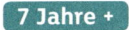  30 Min.

Benötigt werden: ein Zimmer, ein Blatt kariertes Papier, ein Bleistift, ein Lineal, ein Maßband

– – – – –

Indem das Kind einen Plan von seinem Zimmer anfertigt, wird es lernen, sich zurechtzufinden und seine Perspektive von drei- auf zweidimensional umzustellen. Diese Übung fördert außerdem das Begreifen von Mathematik und Geometrie.

Ablauf:

1. Lassen Sie das Kind eine Karte von seinem Zimmer erstellen. Je nach Alter des Kindes legen Sie mehr oder weniger Wert auf Genauigkeit und Maßstabstreue.
2. Zu Beginn soll das Kind die Wände auf dem karierten Papier einzeichnen.
3. Dann soll es nach und nach die Ansicht eines jeden Möbelstücks von oben hinzufügen.
4. Und dann bleibt nur noch, das Ganze auszumalen.

Erweiterung:

Der nächste Schritt könnte sein, die Zeichnung der Möbel auszuschneiden, um andere Anordnungen »virtuell« auf einem anderen Blatt Papier auszuprobieren. Und, wenn es dem Kind gefällt, können Sie sich vielleicht auch noch ans Möbelrücken machen!

Gefördertes Potenzial:

Sich in einem Raum zurechtfinden, Vorbereitung auf die Geometrie, Messen, Sinn für Selbstständigkeit und Unabhängigkeit, Dinge mit Abstand betrachten

Zusehen, wie die Zeit vergeht

 **8 Jahre +** ⏰ je nach Art der Sanduhr

Benötigt werden: mehrere Sanduhren, ein Chronometer oder eine Armbanduhr, Haftnotizen

————

Indem man vergleicht, wie der Sand in verschiedenen Sanduhren durchläuft, die man zur gleichen Zeit umgedreht hat, lernt man, wie die Zeit vergeht.

Ablauf:

1. Nehmen Sie mehrere Sanduhren mit verschiedenen Formen und von unterschiedlicher Herkunft (z. B. aus Gesellschaftsspielen, von Freunden geliehen, auf dem Trödelmarkt gefunden usw.).

2. Vor Beginn der Übung soll das Kind schätzen, welche Sanduhr am schnellsten und welche am längsten durchläuft. Übertragen Sie dem Kind die Aufgabe, alle Sanduhren zur gleichen Zeit umzudrehen und die Zeit für jede zu nehmen. Die gemessene Zeit schreibt es auf eine Haftnotiz und klebt sie vor die Sanduhr.

3. Überprüfen Sie zusammen mit dem Kind, ob seine vorherige Einschätzung richtig war, und erklären Sie ihm, dass die Durchlaufzeit nicht von der Größe der Sanduhr abhängt, sondern von der Breite der Engführung in der Mitte und der Beschaffenheit des Inhalts. Man sollte nicht immer dem äußeren Anschein trauen!

Erweiterung:

Lassen Sie das Kind eine eigene Sanduhr bauen. Dazu muss man zwei kleine Plastikflaschen nehmen, deren Deckel durchstechen und beide Flaschen mit Kleber oder dickem Klebeband verbinden. Als Inhalt kann man Sand nehmen oder Grieß …

Stellen Sie dem Kind die Aufgabe, die optimale Dosis für eine bestimmte Zeitspanne zu finden, z. B. drei Minuten. Es muss nur Sand hinzufügen oder wegnehmen, bis das Ergebnis stimmt.

Gefördertes Potenzial:

Genauigkeit, Geduld, Messen, Entwicklung von logischem und mathematischem Denken, Begreifen von Zeit

Sich der Zeit bewusst werden

  1 Min.

Benötigt wird: eine Uhr oder eine Armbanduhr mit Sekundenzeiger

— — — — —

Wir sagen unseren Kindern oft: »in einer Minute«, »warte eine Minute« usw. Aber hat es wirklich eine Vorstellung davon, was eine ganze Minute bedeutet, Sekunde für Sekunde?

Ablauf:

1. Halten Sie eine Uhr oder Armbanduhr mit einem Sekundenzeiger bereit.

2. Bevor Sie beginnen, fragen Sie das Kind, ob es eine Vorstellung davon hat, wie lang eine Minute ist. Ist das eine kurze oder lange Zeitspanne seiner Ansicht nach?

3. Erklären Sie dem Kind, dass es das Ziel ist, ein Gespür für eine ganze Minute zu bekommen, Sekunde für Sekunde (dabei bringen Sie den kleineren Kindern nebenher bei, dass eine Minute aus 60 Sekunden besteht). Lassen Sie das Kind, nachdem Sie das Startzeichen gegeben haben, mit den Augen dem Sekundenzeiger folgen. Dazu muss es eine ganze Minute konzentriert bleiben.

4. Beginnen Sie die Übung, wenn der Sekundenzeiger eine neue Minute beginnt. Das Kind kann die Sekunden laut mitzählen, von 1 bis 60.

5. Nach Ablauf der Übung erklären Sie dem Kind, dass es nun eine ganze Minute miterlebt hat. Fragen Sie es, ob es sich kürzer oder länger angefühlt hat als erwartet.

Erweiterung:

Sie können die Übung »blind« wiederholen. Lassen Sie das Kind dazu die Dauer einer Minute schätzen: Es soll das Startzeichen geben und das geschätzte Ende, wenn es meint, dass die Minute vorbei ist. Sie haben die Zeit parallel dazu genommen, sodass das Kind sich mit Blick auf Ihre Uhr selbst korrigieren und feststellen kann, ob es die vergangene Zeit unter- oder überschätzt hat.

Gefördertes Potenzial:

Entwicklung des Konzentrationsvermögens, Genauigkeit, Messen, Aufmerksamkeit, Begreifen von Zeit

Zwei Gase vergleichen

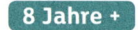  10 Min.

Benötigt werden: zwei identische Ballons, eine Flasche mit Heliumgas

––––––

Das Ziel dieser Übung ist es, zwei Gase miteinander zu vergleichen, im gleichen Behälter, um ihre Beschaffenheit und Dichte zu vergleichen.

Ablauf:

1. Füllen Sie zwei identische Ballons, einen blasen Sie selbst auf, den anderen mit Helium, und befestigen Sie an beiden Ballons ein Band (diese Übung eignet sich gut für ein Geburtstagsfest, um den Kauf einer ganzen Heliumflasche zu rechtfertigen!).

2. Geben Sie dem Kind die beiden Ballons in die Hand. Es wird feststellen, dass der mit dem Mund aufgeblasene Ballon am Boden bleibt, während der mit Helium gefüllte Ballon in die Luft steigt!

3. Erklären Sie dem Kind, dass Luft und Helium beides farblose und geruchslose Gase sind, dass Helium aber sieben Mal leichter ist als Luft (das Verhältnis der Dichte von Luft und Helium ist 0,138, vergleiche Übung »Dichten vergleichen« auf S. 62). Helium unterliegt somit nicht der Schwerkraft.

4. Um das Kind zu überzeugen, dass es sich nicht um einen »Trick« handelt und das Gas farblos und geruchslos ist, lassen Sie aus beiden Ballons die Luft bzw. das Helium raus.

Erweiterung:

Je nach Alter des Kindes lassen Sie es einen anderen Ballon mit Helium füllen und zeigen ihm so die Handhabung der Gasflasche. Oder, wenn es schon größer ist, lassen Sie es den Ballon mit dem Mund aufblasen. Schauen Sie sich zusammen den Disney-Film »Oben« an, in dem die wahren Helden Tausende mit Helium gefüllte Ballons sind!

Gefördertes Potenzial:

Betrachtung und Vergleichen von Unterschieden, Durchführung und Beherrschung einzelner Handgriffe, Kenntnisse von physikalischen Phänomenen

Einen Brief mit Wachs versiegeln

 **8 Jahre +** ⏰ 15 Min.

Benötigt werden: ein Wachsstift oder eine Kerze, ein Feuerzeug oder Herdanzünder, ein Brief, ein kleiner Gegenstand, um ein Siegel zu formen, ein kleiner Stift, Patafix Klebepads

— — — — —

Das Kind wird sich freuen zu lernen, wie es seine geheimen Briefe mit einem echten Siegel verschließen kann – wie die Pergamentrollen vergangener Zeiten …

Ablauf:

1. Zuerst bereitet das Kind ein improvisiertes Siegel vor: Man nimmt einfach einen Stab als Siegelgriff (Klebestift, Legostein usw.) und klebt irgendein kleines Element mit Patafix auf das untere Ende, z. B. einen kleinen Schlüssel, ein Geldstück, eine Muschel, einen Stein usw.

2. Mit allen für den Umgang mit einer Flamme erforderlichen Vorsichtsmaßnahmen zeigen Sie dem Kind, wie man das Wachs schmelzen lässt und einige Tropfen dorthin träufelt, wo das Siegel hin soll.

3. Dann soll das Kind sofort sein selbst gebasteltes Siegel draufdrücken und es vorsichtig abziehen, wenn das Wachs hart geworden ist.

4. Nun muss es nur noch das Schreiben überbringen!

Erweiterung:

Das Kind kann die Übung noch verfeinern, indem es seinen Brief mit Geheimtinte schreibt (einfach mit Zitronensaft, der über einer Kerzenflamme wieder sichtbar wird), am besten auf einem vom Kind selbst vorbereiteten Pergamentbogen … Wenn das Kind Gefallen an dieser Übung gefunden hat, können Sie ihm ein echtes Siegel schenken, mit einem eingravierten Motiv seiner Wahl, seinem Monogramm usw.

Gefördertes Potenzial:

Montieren und Zusammenfügen einzelner Elemente, Heranführen an das Heimwerken, Koordination, Schönheitssinn, Entdeckung der Menschheitsgeschichte

Brüche mit Schokolade lernen

 **8 Jahre +**    20 Min.

Benötigt werden: drei Tafeln der Lieblingsschokolade des Kindes, vier Teller

— — — —

Eine Tafel Schokolade ist das ideale Mittel, um gerne Brüche zu lernen, vor allem, wenn die Übung mit einer Verkostung endet …

Ablauf:

1. Erklären Sie dem Kind die Übung, indem Sie ihm eine Tafel Schokolade von Nahem zeigen. Es soll zunächst die Stücke einzeln abzählen, dann als Riegel, alle Stücke in einer Reihe und schließlich insgesamt. So kann es ganz nebenbei das Multiplikationsprinzip lernen oder wiederholen.

2. Führen Sie das Kind an das Prinzip der Brüche heran: die Hälfte = $^1/_2$, ein Drittel = $^1/_3$, ein Viertel = $^1/_4$.

3. Wenn es das Prinzip verstanden hat, lassen Sie es die erste Tafel in zwei gleiche Teile brechen und jede Hälfte auf einen Teller legen. Dann soll es mit den weiteren Tafeln nach dem gleichen Prinzip für ein Drittel und ein Viertel vorgehen.

Erweiterung:

Es ist selbstverständlich, dass die Übung fruchtbarer ist, wenn sie mit einer kleinen Verkostung einhergeht … Sie können Sie auch erweitern, indem Sie einen Schokoladenkuchen backen, bei dem man $\frac{1}{4}$ Liter Milch, $\frac{1}{2}$ Packung Butter usw. braucht.

Gefördertes Potenzial:

Entwicklung von logischem und mathematischem Denken, Betrachtung und Vergleichen von Unterschieden, Genauigkeit, Messen

Ein Fossil erschaffen

  20 Min. + Zeit zum Trocknen

Benötigt werden: eine schöne große Muschel, Fixiermittel (Gips, Wasser-Mehl-Gemisch – zwei Teile Mehl auf ein Teil Wasser – oder sogar Schokolade!), ein Gefäß, das Sie hinterher wegwerfen können (alte Tupperware, den unteren Teil einer Milchtüte usw.).

—————

Kinder sind oft fasziniert von Fossilien, Spuren einer vergangenen Zeit, die wie »suspendiert« wirken. Aber Fossilien sind nichts anderes als ein Abdruck. Durch diese Übung soll das Kind verstehen, wie diese Relikte der Vergangenheit entstehen.

Ablauf:

1. Welches Fixiermittel Sie auch genommen haben, die Vorgehensweise bleibt gleich. Das Kind mischt die Masse an (Gips und Wasser, Mehl und Wasser – oder geschmolzene Schokolade) und gießt sie in das Gefäß.

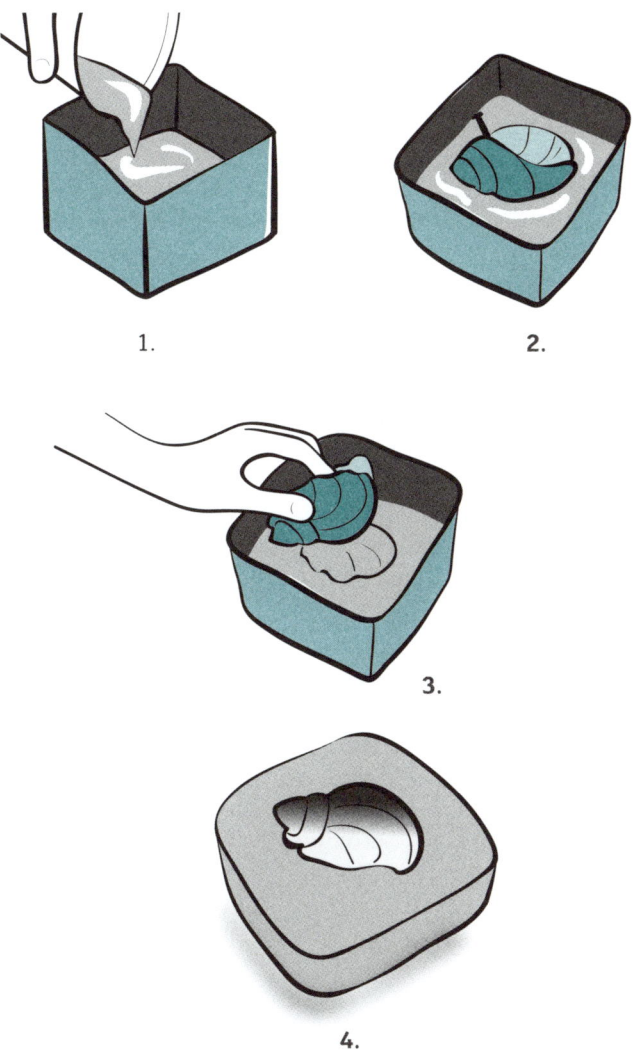

1.

2.

3.

4.

2. Sofort soll es die Muschel eintauchen, bis sie zur Hälfte in der Mischung liegt. Die obere Hälfte soll sichtbar bleiben, damit man sie leicht herausziehen kann.

3. Wenn die Mischung getrocknet ist, soll das Kind die Muschel vorsichtig wieder herauslösen. Es erhält so einen Formguss, d. h. einen Abdruck seiner Muschel, wie bei einem echten Fossil.

Erweiterung:

Zur Vertiefung nehmen Sie das Kind in ein archäologisches, geschichtliches oder naturhistorisches Museum mit, um ihm echte Fossilien zu zeigen und ihm die große Zeitspanne von Millionen von Jahren begreiflich zu machen.

Gefördertes Potenzial:

Fleiß, Geduld, Koordination, Begreifen von Zeit, Entdeckung der Menschheitsgeschichte

Kritisches Denken entwickeln

  30 Min.

Benötigt werden: eine Internetverbindung, ein Computer

––––––

Diese Übung soll das Kind ermutigen, einen kritischen Geist zu entwickeln, vor allem im Internet, wo es nicht alles für »bare Münze« nehmen darf, was es sieht, und sich nicht mit »copy and paste« begnügen soll, ohne die Quellen zu prüfen.

Ablauf:

1. Erklären Sie dem Kind die Funktionsweise einer Suchmaschine, die nicht die Vertrauenswürdigkeit des Inhalts bestätigt, sondern die Seiten je nach Vorkommen von Schlüsselwörtern und Popularität bewertet. Die ersten Suchen sind nicht unbedingt die aussagekräftigsten, man sollte sich nicht damit begnügen.

2. Erklären Sie dem Kind vor allem den Unterschied zwischen den »natürlichen« Links und den gesponsorten, die verdeckte Werbung sind.

3. Sagen Sie ihm, dass man immer die Quelle einer Information prüfen muss, die leicht verzerrt werden kann.

4. Führen Sie dem Kind vor, dass es keinen Filter im Internet gibt, indem Sie folgendes Experiment machen: Lassen Sie das Kind eine falsche Aussage erfinden (z. B. »Weiß ist schwarz«) und posten Sie diese Information in einem Forum oder auf einer selbst erstellten kostenlosen Webpage (z. B. WordPress Blog). Die falsche Information ist nun im Netz für alle verfügbar! Erläutern Sie dem Kind, dass es immer den Wahrheitsgehalt der Informationen, die es bekommt, in Frage stellen soll.

5. Geben Sie Ihren Namen oder den eines Bekannten ein und zeigen Sie dem Kind, wie schwer es ist, die Informationen zu korrigieren oder wieder zu löschen. Sagen Sie ihm, dass es aufpassen muss, was es im Netz postet, und klären Sie es über den Schutz der Privatsphäre auf.

Erweiterung:

Zur Vertiefung lassen Sie das Kind eine Nachrichtensendung im Fernsehen anschauen und erklären ihm, wie es eine kritische Haltung bewahren kann, indem es auf die Wahl der Bilder achtet, auf die Objektivität der Kommentare, die ausgeübte Einflussnahme usw. Machen Sie die gleiche Übung mit Werbung.

Gefördertes Potenzial:

Ein aufmerksamer Entdecker seiner Umwelt werden, Sinn für Selbstständigkeit und Unabhängigkeit, Entwicklung einer kritischen Meinung und eines freien Geistes, Dinge mit Abstand betrachten

Die Größe von Planeten vergleichen

8 Jahre +   🕐 30 Min. bis 1 Std.

Benötigt werden: ein Zirkel, ein Blatt Papier, Buntstifte

————

Diese Übung macht dem Kind die Größe verschiedener Planeten klar und lässt es mit Bedacht die Unendlichkeit des Universums erfassen. Bei der Gelegenheit kann es nebenbei seine Kenntnisse über Vergleichsskalen und Geometrie entwickeln.

Ablauf:

1. Lassen Sie das Kind auf einem Blatt Papier Felder einzeichnen, die dem unterschiedlichen Durchmesser der Planeten entsprechen, wie in der nebenstehenden Tabelle vermerkt. Achtung, manche Planeten sind sehr klein, da muss sehr genau gearbeitet werden!

2. Dann soll das Kind oben in den Feldern den Namen des jeweiligen Planeten vermerken.

3. Schließlich markiert es den Mittelpunkt jedes Feldes.

4. Ausgehend von diesem Mittelpunkt zieht es mit einem Zirkel einen maßstabsgerechten Kreis in das Feld für den Planeten (bei den kleinsten Planeten mit der Hand).

5. Nun hat es eine Vorstellung von der Größenordnung des Sonnensystems.

Anmerkung: Da die Sonne proportional sehr viel größer ist, zeigen Sie dem Kind einen großen Ballon von ca. 70 cm Durchmesser, damit es den Größenunterschied zur Erde begreift. Alternativ können Sie das Kind die Sonne aus einem großen Verpackungskarton, aus Geschenkpapier usw. ausschneiden lassen.

Erweiterung:

Je nach Alter des Kindes lassen Sie es selbst den maßstabs-getreuen Durchmesser jedes Planeten berechnen. Nehmen Sie dazu die nebenstehende Tabelle zur Hilfe.

Lassen Sie das Kind auch mal dreidimensional denken, indem Sie es die gleiche Übung maßstabsgetreu mit Knete oder Salz-teig machen lassen.

Gefördertes Potenzial:

Vorbereitung auf die Geometrie, Messen, Entwicklung von logischem und mathematischem Denken, Dinge mit Abstand betrachten, Begreifen des unendlich Großen

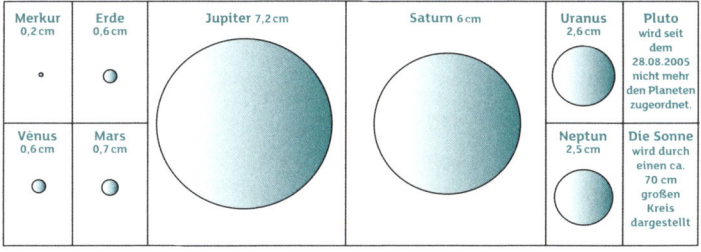

	Radius (km)	Durchmesser im Maßstab (cm)
Merkur	2 439	0,2
Venus	6 050	0,6
Erde	6 378	0,6
Mars	7 398	0,7
Jupiter	71 900	7,2
Saturn	60 000	6
Uranus	26 146	2,6
Neptun	24 750	2,5
Sonne	700 000	70

Ein Land entdecken

8 Jahre +  30 Min. bis 1 Std.

Benötigt werden: Montessori-Weltkarte mit Flaggen oder, falls nicht vorhanden, eine ausgedruckte Karte mit allen Flaggen der Welt

– – – – –

Die Flagge ist als Symbol seines Landes dessen erster Vertreter. Durch diese Übung kann das Kind ein Land seiner Wahl spielerisch entdecken und seine Kenntnisse darüber vertiefen.

Ablauf:

1. Zeigen Sie dem Kind alle Flaggen, am besten auf der Montessori-Weltkarte oder auf einer Tafel, auf der alle Flaggen abgebildet sind, die Sie farbig ausgedruckt oder in einem Atlas gefunden haben.

2. Erklären Sie dem Kind das Prinzip von Flaggen, deren Farben und Symbole mit Bedacht gewählt wurden, je nach Geschichte und Kultur des Landes.

3. Geben Sie dem Kind einige konkrete Beispiele, z. B. die Geschichte der Flagge Deutschlands oder der USA.

4. Ermuntern Sie das Kind, eine Flagge auszuwählen, die es besonders mag, aufgrund der Farben oder Symbole, ohne den Namen des Landes zu kennen.

5. Schauen Sie zusammen mit dem Kind, um welche Flagge es sich handelt. Nun bekommt es die Aufgabe, mehr über das Land zu erfahren, das es per Zufall ausgewählt hat: Lage, Bedeutung der Flagge, Sitten, Sprache, Landschaft, berühmte Bauwerke usw.

Erweiterung:

Um die Übung zu vertiefen, kann das Kind die Aufgabe bekommen, ein landestypisches Gericht vorzubereiten.

Gefördertes Potenzial:

Betrachtung und Vergleichen von Unterschieden, Schärfung des Sehsinns, Öffnung des Geistes, Dinge mit Abstand betrachten, Entdeckung der Kulturgeografie

Ein Daumenkino basteln

8 Jahre + ⏰ 1 bis 1 Std., 30 Min.

Benötigt werden: ein Heft mit 30–40 Seiten oder weiße Blätter, die zurechtgeschnitten und mit einem Tacker zusammengeheftet werden

Schlagen Sie dem Kind vor, ein eigenes Daumenkino anzufertigen, diese kleinen Bilderbücher (Zeichnungen oder Fotos), die, werden sie schnell und gleichmäßig mit dem Daumen durchgeblättert, den Eindruck einer fließenden Bewegung vermitteln.

Ablauf:

1. Erklären Sie dem Kind das Prinzip der Auflösung von Bewegungen und von Trickfilmen.

2. Beginnen Sie mit einer sehr einfachen Übung, die auch für die Kleinsten geeignet ist: z. B. ein Ball, der wegspringt. Dafür muss man nur pro Blatt einzelne Bilder eines Kreises auf verschiedenen Höhen zeichnen, und wenn man dann das Heft schnell durchblättert, wird der Ball wie »durch Zauberhand« bewegt.

3. Wenn das Kind das Prinzip verstanden hat, schlagen Sie ihm vor, seine eigene kleine »Geschichte« zu erfinden und sie auszumalen.

Erweiterung:

Die Übung kann auf höherem Niveau ausgebaut werden, indem man Fotos ausdruckt, die mit der Serienfotofunktion aufgenommen wurden, diese ausschneidet und in das Heft klebt.

Gefördertes Potenzial:

den einzelnen Abschnitten der Übung folgen, Durchführung und Beherrschung einzelner Handgriffe, Feinmotorik, Öffnung für Kunst, Kreativität

Einen Zirkel benutzen lernen

9 Jahre +   10 bis 30 Min.

Benötigt werden: ein Blatt Papier, ein Zirkel, eventuell Buntstifte oder farbige Filzstifte.

Kinder zeigen sich oft fasziniert von einem Zirkel, der es ihnen ermöglicht, perfekte Kreise zu zeichnen. Je nach Alter des Kindes können Sie die Übung anpassen und dem Kind einige Grundlagen der Geometrie beibringen.

Ablauf:

1. Zeigen Sie dem Kind, wie der Zirkel funktioniert, dann lassen Sie es sich daran gewöhnen.

2. Je nach Alter des Kindes können Sie das Wissen vertiefen

und das Kind an Begriffe wie Radius, Durchmesser und Umfang heranführen. Lassen Sie das Kind Kreise mit genauer Größe zeichnen.

3. An manchen Zirkeln kann man Buntstifte befestigen, so kann das Kind farbige Kreise zeichnen und seine Kreativität schulen.

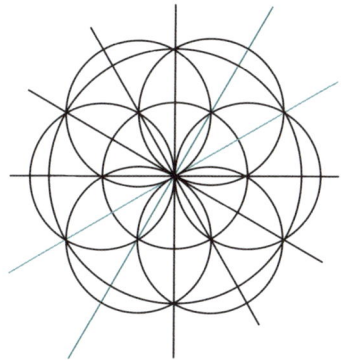 

Erweiterung:

Fordern Sie das Kind auf, immer schwierigere Formen zu zeichnen, z. B. eine Blume des Lebens (nach Vorlage) oder ähnliche Muster.

Gefördertes Potenzial:

Vorbereitung auf die Geometrie, Genauigkeit, Schönheitssinn, Durchführung und Beherrschung einzelner Handgriffe, Fleiß

Die Länder der Welt zählen

9 Jahre + 30 Min.

Benötigt wird: ein Globus oder eine Weltkarte

Indem es versucht, die Anzahl der Länder, die es auf der Welt gibt, zu beziffern, wird das Kind sich über das Ausmaß und die Vielfalt der Erde bewusst.

Ablauf:

1. Bevor Sie mit der Übung beginnen, lassen Sie das Kind schätzen, wie viele Länder es seiner Meinung nach auf der Welt gibt.

2. Schlagen Sie ihm vor, es selbst zu überprüfen, indem es versucht, eines nach dem anderen auf dem Globus oder der Weltkarte zu zählen.

3. Erklären Sie dem Kind, dass es schwierig ist, die Länder alle zu finden, da manche Staaten in diesem Maßstab zu klein sind. Geben Sie ihm also die offizielle Antwort (die Uno weist 196 Staaten aus).

Erweiterung:

Machen Sie dem Kind nebenher bewusst, wie viele verschiedene gesprochene Sprachen es auf der Welt gibt (ungefähr 6.000!).

Gefördertes Potenzial:

Entwicklung des Konzentrationsvermögens, Ausdauer, Begreifen von globalen Zusammenhängen, Entdeckung der Kulturgeografie, Öffnung des Geistes

Mit einer Gänsefeder schreiben

 30 Min.

Benötigt werden: eine echte Gänsefeder (groß, ca. 15 bis 20 cm Länge), eine Schere, ein Cutter, Tinte, ein Tintenfass oder ein ähnliches Gefäß, ein Blatt Papier

————

Was für ein Vergnügen für das Kind, sich in die Geschichte zu vertiefen, indem es dieses Schreibgerät aus alten Zeiten ausprobiert!

Ablauf:

1. Lassen Sie das Kind selbst das Endstück der Feder abkratzen, das natürlich noch seine schützende Fettschicht hat.
2. Dann lassen Sie das Kind die Feder kürzen und Haken und Federn entfernen, sodass der Federschaft ganz glatt wird.
3. Nun soll es den Schaft schräg anschneiden und auskratzen, um eine echte Schreibfeder zu erhalten. Dann schneidet es einen Schlitz hinein, so wie es alle Füllfederhalter haben, durch den die Tinte austritt.
4. Nun muss man nur noch die Spitze der Feder in die Tinte tauchen und kann mit der Kalligrafie beginnen!
5. Bei jüngeren Kindern können Sie auch eine Kugelschreibermine in den Federschaft schieben, damit sie das Schreiben mit einem Federgriff einmal ausprobieren können.

Erweiterung:

Wenn das Kind geübt ist, kann es einen echten Brief an jemanden aus seiner Umgebung schreiben und abschicken! (siehe auch Übung S. 89 »Einen Brief schreiben«)

Gefördertes Potenzial:

Fleiß, Durchführung und Beherrschung einzelner Handgriffe, Einführung in das Heimwerken, Entdeckung der Menschheitsgeschichte

Heranführung an die chinesische Kalligrafie

9 Jahre +    30 Min. bis 1 Std.

Benötigt wird: ein chinesisches Kalligrafie-Set

– – – – –

Es ist interessant, das Kind an die Kunst der chinesischen Kalligrafie heranzuführen, die sowohl die Konzentration als auch Atmung, Haltung, Koordination, Genauigkeit und Kreativität schult.

Ablauf:

1. Je nachdem, wie Ihre eigenen Kenntnisse sind, melden Sie das Kind bei einem Einführungskurs an oder Sie zeigen dem Kind diese Kunst selbst zu Hause.

2. Das Kind soll sich zuerst mit dem Material vertraut machen und lernen, wie man die Tinte vorbereitet.

3. Nun soll es die richtige Körper- und Handhaltung einnehmen.

4. Als Nächstes lernt es, wie man die acht wichtigsten Striche zieht, und kann einige Grundschriftzeichen nachzeichnen.

5. Schließlich kann das Kind üben, mit Pinsel und Tinte in einem Zug das Wesentliche eines Modells zu zeichnen.

6. Zum Schluss kann es z. B. einige Bambuszweige malen.

Erweiterung:

Wenn das Kind Interesse an der asiatischen Kultur zeigt, geben Sie ihm doch Gelegenheit, auch noch andere Künste kennenzulernen, z. B. die Zeremonie der Teezubereitung.

Gefördertes Potenzial:

Genauigkeit, Kreativität, Durchführung und Beherrschung einzelner Handgriffe, Öffnung für die Kunst, Entdeckung der Kulturgeografie

Brailleschrift kennenlernen

 **9 Jahre +**   45 Min. bis 1 Std.

Benötigt werden: ein Braillealphabet, auf einem dicken Blatt Papier ausgedruckt, kleine, durchsichtige Klebenoppen (aus dem Baumarkt)

— — — — —

Durch diese Übung lernt das Kind die Brailleschrift kennen und wird für das Thema körperlicher Handicaps sensibilisiert. Nebenbei übt es seinen Tastsinn und seine Koordination.

Ablauf:

1. Zeigen Sie dem Kind das Braillealphabet, das Sie auf etwas dickerem Papier ausgedruckt haben, und erklären Sie ihm, dass jeder Buchstabe durch ein bis sechs erhabene Punkte dargestellt wird, innerhalb von zwei Spalten.

2. Erläutern Sie dem Kind die Nutzung des Alphabets durch Blinde oder stark Sehbehinderte. Nutzen Sie die Gelegenheit, ihm die Geschichte von Louis Braille zu erzählen, die wirklich sehr interessant ist.

3. Fordern Sie das Kind auf, sein eigenes Braillealphabet zu gestalten. Dazu bedeckt es jeden schwarzen Punkt des Alphabets mit einem durchsichtigen Noppen (kleine Plastiknoppen, die dem Schutz von Möbeln vor Stößen dienen, erhältlich in Baumärkten oder in Geschäften für Künstlerbedarf).

4. Wenn das Kind damit fertig ist, lassen Sie es die Augen schließen und die Buchstaben mit den Fingerspitzen erfühlen.

Erweiterung:

Fordern Sie das Kind auf, seinen Namen in Brailleschrift zu schreiben. Zusätzlich können Sie es auch nach Brailleschrift in öffentlichen Räumlichkeiten (Rathäuser, Museen …) oder auf Medikamentenpackungen suchen lassen.

Gefördertes Potenzial:

Eine Aufgabe von Anfang bis Ende erfüllen, Förderung des Tastsinns, Durchführung und Beherrschung einzelner Handgriffe, Öffnung des Geistes, Respekt vor anderen

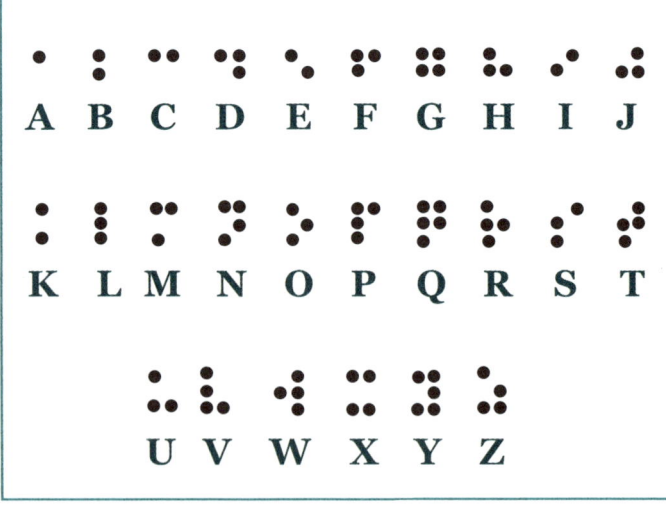

Einen Traumfänger basteln

 **9 Jahre +** ⏲ 1 bis 2 Std.

Benötigt werden: ein Reifen aus Draht oder Holz von ungefähr 20 cm Durchmesser, Bindfaden, Wolle, Stoffstreifen oder gewachste Schnur, Federn, eine Schere, Perlen

— — — — —

Nach alter Indianerweisheit fängt ein Traumfänger, der über das Bett eines Kindes gehängt wird, die Alpträume in seinem Netz und lässt nur die schönen Träume durch … Das Kind wird viel Spaß daran haben, dieses schöne Objekt zu basteln, und gleichzeitig werden viele Fähigkeiten geschult wie Koordination, Gründlichkeit, Geduld und Präzision … Aber vielleicht weckt es auch das Interesse für die Kultur und Geschichte der Indianer in ihm.

Ablauf:

1. Erklären Sie dem Kind zuerst, wie es den Grundreifen vorbereiten kann. Er kann entweder blank gelassen oder mit Wolle oder Stoff umwickelt werden.

2. Nach dem nebenstehenden Schema kann das Kind nach und nach das Netz basteln. Es ist wichtig, gleichmäßig zu arbeiten und das Netz regelmäßig glattzuziehen.

3. Die Mitte wird mit einem Knoten fixiert, eventuell durch Federn oder Perlen kaschiert. Das Kind fädelt nun Federn und Perlen auf drei lange Schnüre auf und befestigt sie am unteren Ende des Traumfängers, ganz wie auf dem Bild.

4. Nun kann es den Traumfänger über seinem Bett befestigen, um nur noch schöne Träume zu träumen …

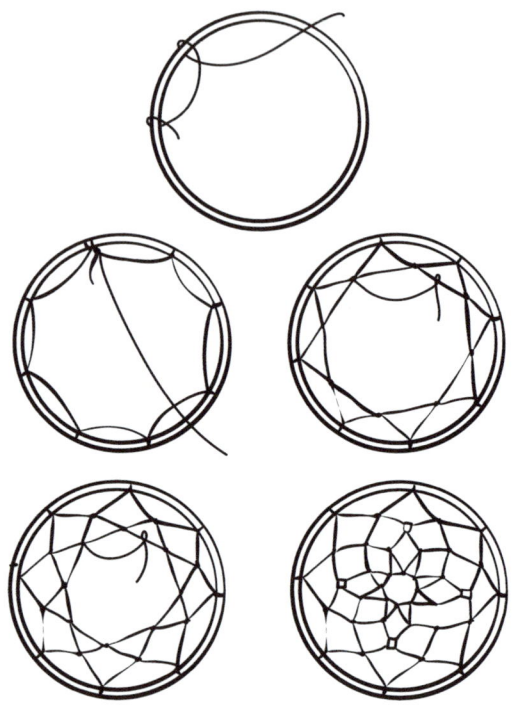

Erweiterung:

Wenn dem Kind diese Übung gefällt, kann es weitere Traumfänger basteln und seinen Freunden schenken.

Gefördertes Potenzial:

Genauigkeit, Fleiß, Durchführung und Beherrschung einzelner
Handgriffe, Schönheitssinn, Entdeckung der Kulturgeografie

Einen Kalender basteln

 **9 Jahre +**   1 Std.

Benötigt werden: ein großes, eher dickes Blatt Papier, vielleicht kartoniert (A2-Format), ein großes Lineal, ein Bleistift, farbige Filzstifte

Wenn das Kind sich seinen eigenen Kalender bastelt, begreift es besser die Bedeutung der Zeit, die vergeht, und kann sich besser in die Zukunft versetzen. Nebenbei übt es seine Fähigkeiten in Geometrie und seine Kreativität!

Ablauf:

1. Fordern Sie das Kind auf, auf dem leeren Blatt Papier einen Kalender anzulegen. Dazu soll es zuerst die Breite messen und diese in zwölf gleich große Spalten aufteilen. Je nach Alter des Kindes können Sie ihm bei der Berechnung und Linienzeichnung helfen, oder es bewältigt diese Aufgabe selbstständig. Dann soll es oberhalb jeder Spalte die Monatsnamen schreiben.

2. Nun kann es das Blatt in 31 horizontale Linien einteilen.

3. Bei den Monaten mit 28 oder 30 Tagen kann es die Linien ausradieren.

4. Das Kind soll jedes Feld beziffern. Nun ist der Kalender fertig, er muss nur noch mit Farbe personalisiert werden.

5. Das Kind kann nun wichtige Ereignisse in der Zukunft eintragen (als Beschreibung oder als Zeichnung): Weihnachten, Geburtstag der Familienmitglieder und Freunde, Ferienbeginn usw.

Erweiterung:

Das Kind kann weitere Kalender basteln und sie Familienmitgliedern schenken.

Gefördertes Potenzial:

Eine Aufgabe von Anfang bis Ende erfüllen, Vorbereitung auf die Geometrie, Entwicklung von logischem und mathematischem Denken, Organisationssinn, Begreifen von Zeit

Einen Comic zeichnen

  1 bis 2 Std.

Benötigt werden: ein Blatt Papier von sehr guter Qualität, ein Bleistift, ein Radiergummi, ein Lineal, Buntstifte oder farbige Filzstifte

— — — — —

Was für ein Vergnügen, einen guten Comic zu lesen, der die Freude am Lesen mit dem Spaß an Zeichnungen verbindet. Aber diesmal ist das Kind der Autor! Diese Übung ist sehr umfassend und fördert zahlreiche Fähigkeiten.

Ablauf:

1. Erläutern Sie dem Kind die Struktur eines Comics, indem Sie die einzelnen Felder betrachten, den Handlungsablauf, die Sprechblasen usw.
2. Ermutigen Sie das Kind, eine eigene kleine Geschichte zu erfinden.
3. Je nach Alter können Sie dem Kind helfen, die Handlung in mehrere Abschnitte aufzuteilen, jeder dieser Abschnitte entspricht einem Feld.
4. Je nach Handlungsablauf erstellt das Kind nun mithilfe des Lineals und eines Bleistifts die Grundstruktur auf dem Blatt. Es teilt verschieden große Felder ein, je nach Handlung eines jeden Abschnitts.
5. Nun zeichnet es seine Figuren in jedes Feld.

6. Schließlich fügt es Sprechblasen hinzu und macht sich ans Ausmalen.

Erweiterung:

So ein Comic in einem schönen Rahmen ist das ideale Geschenk für Freunde. Das Kind kann auch seine Technik variieren, indem es Fotos einsetzt, um ein noch persönlicheres Ergebnis zu erhalten.

Gefördertes Potenzial:

Fleiß, den einzelnen Abschnitten der Übung folgen, Kreativität, Organisationssinn, Öffnung für Kunst

Einen Animationsfilm schaffen

9 Jahre +   ⏰ 2 bis 3 Std.

Benötigt werden: Knetgummi, ein Fotoapparat

Wie bei Wallace und Gromit, die meisten lieben den Animationsfilm seit Kindertagen, kann das Kind einen eigenen Film schaffen, mit Knetgummi oder mit Legofiguren in der Knetanimationstechnik. Das ist eine Übung, die vom Kind sehr viel Genauigkeit und Geduld erfordert, denn für jede Filmsekunde muss es 10 bis 12 Bilder erstellen … (zum Vergleich, im »normalen« Film arbeitet man mit 24 Bildern). Aber was für eine Herausforderung und was für ein Vergnügen, wenn es geschafft ist!

Ablauf:

1. Erklären Sie dem Kind das Prinzip eines Animationsfilms und das Konzept der Nachbildwirkung, die den Eindruck einer anhaltenden Bewegung vermittelt. Diese Übung kann natürlich mit der auf S. 127, »Ein Daumenkino basteln«, kombiniert werden.

2. Weisen Sie das Kind darauf hin, dass das Dargestellte nach jedem aufgenommenen Foto leicht verändert werden muss, bevor das nächste Foto aufgenommen wird. Machen Sie sich mit der Technik am besten im Internet vertraut, wenn Sie bislang keine Erfahrung damit haben.

3. Das Kind wählt seine Darsteller und die Handlung aus.

4. Dann stellt es eine Szene zusammen, fotografiert sie, verändert sie leicht und macht so weiter, bis seine Vision Form annimmt.

Erweiterung:

Ideal wäre es, ein großes Ereignis zu nutzen (Familienfest, Geburtstag usw.), um diesen einzigartigen Film vor Publikum vorzuführen.

Gefördertes Potenzial:

Fleiß, eine Aufgabe von Anfang bis Ende erfüllen, eine Reihenfolge beachten, Selbstachtung, Öffnung für die Kunst

Religionen entdecken

  nach und nach

Benötigt werden: mehrere Sakralbauten, je nach Wohnort und vorhandenen Möglichkeiten

— — — — —

Mit einem offenen Geist ist es interessant für das Kind, verschiedene Religionen zu entdecken, sodass es seinen Geist schulen kann und später eine eigene Entscheidung treffen kann, wenn es erwachsen ist. Ohne den Versuch, Vergleiche anzustellen, können Sie ganz einfach damit beginnen, verschiedene Sakralbauten zu besuchen, was ein guter Anfang ist.

Ablauf:

1. Schauen Sie nach Sakralbauten in Ihrer Nähe, die Sie besuchen können: katholische oder protestantische Kirchen, Synagogen, buddhistische Tempel, Moscheen ... Prüfen Sie die Öffnungszeiten und die Möglichkeiten einer freien Besichtigung, das ist von Ort zu Ort verschieden. Im Allgemeinen bieten die großen Städte mehr solcher Möglichkeiten, da diese Orte oft für Touristen zugänglich sind.

2. Bereiten Sie die Übung mit dem Kind vor, indem Sie ihm die Bedeutung von Religion erklären und die Regeln, die es in Respekt vor dem Ort und seinen Gläubigen zu beachten gilt.

3. Geben Sie dem Kind bei jedem Besuch Informationen über die Geschichte dieser Religion und die wichtigsten Rituale.

4. Beantworten Sie die Fragen des Kindes und beschäftigen Sie sich näher mit den Punkten, über die es mehr erfahren möchte.

Erweiterung:

Es könnte besonders interessant sein, die Gemeinsamkeiten der verschiedenen Religionen zu erörtern, um herauszustellen, was sie eher verbindet als trennt: das Gebet, die Kerzen, der Weihrauch, die Ruhe, die Gesänge ...

Gefördertes Potenzial:

Öffnung des Geistes, Dinge mit Abstand betrachten, lernen, ruhig zu sein, Entwicklung von Höflichkeit und Freundlichkeit, Entdeckung der Menschheitsgeschichte

Interviews mit Freunden und Verwandten führen

10 Jahre + 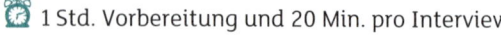 1 Std. Vorbereitung und 20 Min. pro Interview

Benötigt werden: ein Heft, ein Kugelschreiber, eine Kamera

— — — — —

Diese sehr komplexe Übung bereitet das Kind auf die Kunst des Kommunizierens vor und lässt es seine Umgebung in einem neuen Licht sehen.

Ablauf:

1. Schlagen Sie dem Kind vor, Interviews mit Menschen aus seiner Umgebung zu führen: Eltern, Brüder und Schwestern, Großeltern, Freunde usw.

2. Zuerst bereitet das Kind die Übung vor, indem es sich Fragen für jede Person ausdenkt. Wenn es ihm an Ideen fehlt, schlagen Sie vor, die Personen darüber zu befragen, was sie über sich selbst herausfinden möchten, über ihre Kindheit, ihre Vorlieben usw. Sie können dem Kind auch als Beispiel den Marcel-Proust-Fragebogen vorlegen, den Sie im Internet schnell finden. Zögern Sie nicht, das Kind zu ermutigen, auch abwegige, ja provokative Fragen zu stellen!

3. Dann soll das Kind sich wie ein Journalist zu zweit mit jeder Person zu dem Interview zusammensetzen und das Ganze dabei filmen.

4. Zum Schluss helfen Sie dem Kind, je nachdem, wie alt es ist, bei der Zusammensetzung.

Erweiterung:

Am besten führt man das Werk auf einem Familienfest vor!

Gefördertes Potenzial:

Kreativität, Kommunikation, Zuhören, Entwicklung von Höflichkeit und Freundlichkeit, Sinn für Selbstständigkeit und Unabhängigkeit

Entdeckung von Körper und fünf Sinnen

Ein Mobile beobachten

4 Monate + einige Minuten pro Tag

Benötigt werden: Montessori-Mobile mit Tänzern oder ein selbst gebasteltes, wenn Sie keines haben (dazu benötigen Sie drei Stäbchen, Nylonfaden, holografisches Papier, eine Schere)

— — — — —

Maria Montessori interessierte sich sehr für die visuelle Entwicklung der ganz Kleinen und entwickelte zusammen mit Künstlern eine ganze Serie für Kinder, die die natürliche Entfaltung je nach Alter des Kindes förderte. Das Mobile der Tänzer ist das letzte der Serie, es ermöglicht den Kindern, ihre Sicht auf sich bewegende Dinge zu trainieren sowie ihre Koordination zu schulen (das Mobile ist so leicht, dass es durch Bewegungen des Kindes in Schwingung gerät) und ihren Sinn für Ästhetik.

Ablauf:

1. Besorgen Sie sich ein Montessori-Mobile oder basteln Sie sich selbst eins: Schneiden Sie die Tänzer aus dem holografischen Papier aus, verbinden Sie diese mit dem Nylonfaden und befestigen Sie sie an den Stöckchen.
2. Nun müssen Sie das Mobile nur noch über dem Bett des Kindes befestigen und ausrichten.
3. Beobachten Sie das Kind, wie es mit Freude die leichten, glänzenden Figuren betrachtet und seine Arme bewegt, um das Mobile in Schwingung zu versetzen.

Erweiterung:

Um die Übung zu vertiefen, können Sie das Mobile näher an das Kind bringen – unter Ihrer Aufsicht natürlich –, damit es das Mobile direkt berühren und mit seinen Bewegungen in Schwingung versetzen kann.

Gefördertes Potenzial:

Beobachtungsgabe, ein aufmerksamer Beobachter seiner Umgebung werden, Entwicklung der visuellen Wahrnehmung, Schönheitssinn

Gebärdensprache lernen

 **8 Monate +**    5 bis 10 Min., regelmäßig

Benötigt wird: ein Alphabet für Gebärdensprache, aus einem Buch oder aus dem Internet

— — — — —

Dem Kind Gebärdensprache beizubringen hat zwei grundlegende Funktionen, je nach Alter des Kindes: Es ist ein verkanntes, aber ideales Mittel, um mit Babys zu kommunizieren, bevor sie zu sprechen anfangen. Bei größeren Kindern ist es eine Gelegenheit, ihnen die Bedeutung einer Behinderung nahezubringen.

Ablauf:

1. Je nach Zeit und Interesse können Sie damit beginnen, einen Kurs für Gebärdensprache für Kinder zu besuchen, sie im Internet zu lernen oder mit einem Buch usw.
2. Dem Alter des Kindes entsprechend erklären Sie ihm das Prinzip der Gebärdensprache.
3. Wenn Sie die Gesten gut beherrschen, zeigen Sie dem Kind drei pro Sitzung, wobei Sie das Zeichen mit dem entsprechenden Wort kombinieren.
4. Fordern Sie das Kind auf, die Geste zu wiederholen.
5. Üben Sie regelmäßig mit dem Kind, beim Essen, auf der Straße usw.

Erweiterung:

Schauen Sie mit dem Kind eine Sendung im Fernsehen an, die simultan in Gebärdensprache übersetzt wird. Diese Übung kann mit der auf S. 133 »Brailleschrift kennenlernen« kombiniert werden.

Gefördertes Potenzial:

Beobachtungsgabe, Verfeinerung des visuellen Gedächtnisses, Beherrschung der Gesten, Öffnung des Geistes, Kommunikation

Einen Igel zusammenstecken

  20 bis 30 Min.

Benötigt werden: ein Sieb, ein Paket Lutscherstangen oder nicht zu spitze Zahnstocher, je nach Größe der Löcher im Sieb

–––––

Diese Übung, bei der das Kind die Stäbchen in das umgedrehte Sieb steckt, scheint auf den ersten Blick recht simpel. Aber das kleine Kind wird ganz nebenbei seine Koordination, Konzentration und Genauigkeit trainieren.

Ablauf:
1. Zeigen Sie dem Kind das umgedrehte Sieb und schlagen Sie ihm vor, es in einen Igel zu verwandeln.
2. Zeigen Sie ihm, wie man jedes Stäbchen in die Löcher steckt, und lassen Sie es das alleine nachmachen.
3. Das Kind kann die Übung fortführen, so lange es will.

Erweiterung:
Um die Übung abzuschließen, erhält das Kind die Aufgabe, die Stäbchen wieder herauszunehmen und in einem Gefäß zu verstauen (je nach Alter des Kindes mithilfe des Erwachsenen).

Gefördertes Potenzial:
Entwicklung des Konzentrationsvermögens, Genauigkeit, Fleiß, Geduld, Durchführung und Beherrschung einzelner Handgriffe

Mit einem Sparschwein spielen

15 Monate +  20 bis 30 Min.

Benötigt werden: ein Paket Spielmarken (z. B. aus einem Gesellschaftsspiel, Pokerchips oder auch Flaschenverschlüsse), ein Sparschwein oder ein Schuhkarton, in den Sie einen Schlitz geschnitten haben

–––––

Diese Übung verlangt dem Kind sehr viel Genauigkeit ab. Es wird mit Vergnügen immer wieder die gleiche Bewegung ausführen und einen Chip nach dem anderen in dem Schlitz verschwinden lassen. Lassen Sie das Kind niemals unbeaufsichtigt mit den Kleinteilen spielen!

Ablauf:

1. Je nach Größe der Chips bereiten Sie das Sparschwein oder den Schuhkarton vor, indem Sie einen Schlitz in entsprechender Größe hineinschneiden.

2. Zeigen Sie dem Kind, wie man einen Chip in den Schlitz steckt und loslässt.

3. Lassen Sie das Kind die Übung ausführen, so lange es will.

4. Am Ende der Übung lassen Sie das Kind den Boden des Sparschweins oder den Deckel des Schuhkartons öffnen, um zu seiner großen Freude den ganzen Haufen verschwundener Chips wiederzuentdecken, wenn es das nicht schon von selbst getan hat, denn Kinder sind von Natur aus neugierig!

Erweiterung:

Je nach Alter des Kindes können Sie die Größe der Chips variieren, nehmen Sie erst große Flaschenverschlüsse, dann Pokerchips bis hin zu ganz kleinen Chips.

Gefördertes Potenzial:

Förderung des Konzentrationsvermögens, Genauigkeit, Fleiß, Durchführung und Beherrschung einzelner Handgriffe, Koordination

Mit dem Farbenkorb spielen

  10 bis 20 Min.

Benötigt wird: ein Korb oder ein Eimer

Schlagen Sie dem Kind diese sehr einfache Übung vor, die darin besteht, einen kleinen Korb (oder einen Eimer mit einem Henkel) zu nehmen und darin so viele Gegenstände wie möglich mit der gleichen Farbe zu sammeln.

Ablauf:

1. Lassen Sie das Kind selbst die Farbe des Tages wählen, z. B. »Gelb«.
2. Geben Sie dem Kind einen Korb oder Eimer und schlagen Sie ihm vor, im Laufe des Tages so viele Dinge wie möglich zu sammeln, die hauptsächlich diese Farbe haben.
3. Abends lassen Sie sich von dem Kind die Schätze zeigen, die es gefunden hat …

Erweiterung:

Je nach Alter des Kindes lassen Sie das Kind nach Beendigung der Übung jeden Gegenstand wieder an seinen Platz bringen. Den Kleineren helfen Sie dabei.

Gefördertes Potenzial:

Beobachtungsgabe, ein aufmerksamer Entdecker seiner Umwelt werden, Farbenlehre, Entwicklung der visuellen Wahrnehmung

Tiere imitieren

  10 bis 20 Min.

Benötigt wird: kein besonderes Material erforderlich

————

Indem das Kind Tiere imitiert, entwickelt es seine Koordination, seine Kreativität und seinen körperlichen Ausdruck.

Ablauf:

1. Fordern Sie das Kind auf, mit Ihnen zusammen die typischen Bewegungen von Tieren nachzuahmen. Zeigen Sie ihm zu Beginn ein Beispiel und lassen Sie es raten, um welches Tier es sich handelt. Alles ist erlaubt: springen, laufen, gestikulieren, Grimassen schneiden, alles, nur nicht sprechen!
2. Nun ist das Kind an der Reihe und Sie müssen raten.

Erweiterung:

Zur Abwechslung können Sie auch Tierlaute statt -gesten imitieren.

Gefördertes Potenzial:

Beobachtungsgabe, Beherrschung von Gesten, Entwicklung des körperlichen Ausdrucks, Kreativität, Kommunikation

Farbmischungen entdecken

  10 bis 20 Min.

Benötigt werden: drei transparente Fläschchen (25-cl-Flaschen, Kosmetikflakons o. Ä.), Wasser, drei Farben als Basis zum Mischen (Gelb, Cyan, Magenta), Tageslicht

–––––

Das Kind wird viel Freude daran haben, mit den Farbfläschchen zu hantieren und wie durch Zauberhand die Mischfarben zu entdecken, indem es die Gefäße gegen das Licht hält.

Ablauf:

1. Bereiten Sie drei Fläschchen vor, indem Sie in jedem einige Tropfen Farbe auflösen. Mischen Sie schöne, lebendige Farben an.

2. Zeigen Sie dem Kind die Fläschchen und demonstrieren Sie ihm, wie schön die Farben leuchten, wenn man sie vor das Licht hält, z. B. ein sonniges Fenster.

3. Lassen Sie das Kind damit spielen. Dann, wenn es bereit ist, lassen Sie es zwei Flakons hintereinanderhalten, die Aneinanderreihung von zwei Basisfarben lässt eine Mischfarbe erscheinen.

4. Lassen Sie das Kind die drei Möglichkeiten entdecken.

Erweiterung:

Um die Übung zu vertiefen, führen Sie sie nochmals aus und geben Sie diesmal einige Tropfen von zwei Basisfarben in ein drittes Fläschchen.

Gefördertes Potenzial:

Farbenlehre, Schönheitssinn, Öffnung für die Kunst, Betrachten und Vergleichen von Unterschieden

Frei tanzen

2 Jahre +    10 Min.

Benötigt wird: lebhafte Musik

––––––

Ermutigen Sie das Kind, auf eine lebhafte Musik frei zu tanzen, um seiner Kreativität freien Lauf zu lassen und dazu beizutragen, seine Koordination, seinen körperlichen Ausdruck und sein Selbstbewusstsein zu verstärken.

Ablauf:

1. Je nach Musikgeschmack des Kindes legen Sie anregende Musik auf.

2. Laden Sie das Kind ein, zu tanzen, frei, ganz nach seinem eigenen Rhythmusgefühl! Je nach seiner Persönlichkeit lassen Sie das Kind sich alleine amüsieren oder Sie helfen ein bisschen nach, wenn es zu schüchtern ist.

Erweiterung:

Wenn die Übung dem Kind gefallen hat, verlängern Sie den Spaß, indem Sie den Musikstil ändern, um mit anderen Rhythmen und Bewegungen zu experimentieren.

Gefördertes Potenzial:

Kreativität, Gleichgewichtssinn, Entwicklung des körperlichen Ausdrucks, Selbstachtung, Zuhören

Eine Fühltafel entdecken

2 Jahre +   10 bis 20 Min.

Benötigt werden: verschiedene Materialien, die sich unterschiedlich anfühlen, ein großes Blatt Kartonpapier im A1-Format oder ein großes Stück Stoff, Kleber, eine Schere

—————

Die Fühltafel soll den Tastsinn des Kindes fördern, das mit Vergnügen eine Sinnesempfindung nach der anderen erleben wird.

Ablauf:

1. Bereiten Sie die Fühltafel vor, indem Sie zahlreiche verschiedene Materialien zusammenstellen: Sandpapier, Noppenfolie, Veloursstoff, Wollfilz, Plastik, Wellpappe, Drahtgitter, Kunstrasen, Teppich, Holz, Keramik, Kunstpelz, Löschpapier usw. Am besten schneiden Sie von allem gleich große Stücke aus. Dann legen Sie alles nebeneinander und kleben es auf das Kartonpapier oder auf das Stoffstück.

2. Das Kind kann die hausgemachte »Lerndecke« nun erkunden und alles mit den Fingern und Händen oder auch mit den Wangen erfühlen, ein Material nach dem anderen, so lange es will.

Erweiterung:

Zur Vertiefung lassen Sie das Kind sich die Schuhe ausziehen und das Ganze mit den Füßen machen, um mit den Fußsohlen unbekannte Sinneseindrücke zu erfahren.

Gefördertes Potenzial:

Förderung des Tastsinns, Betrachten und Vergleichen von Unterschieden, Entwicklung einer verfeinerten Wahrnehmung und der Unterscheidung von Nuancen, Verfeinerung der Koordination von Beinen und Füßen

Vergleichen von schwer und leicht

2 Jahre +    20 bis 30 Min.

Benötigt werden: sechs geschlossene und undurchsichtige Gefäße, z. B. Dosen für Filmröllchen oder Kinder-Überraschungseier, Sand, einige Kleinteile aus Eisen wie Nägel, Schrauben usw., farbige Klebepunkte

––––––

Indem das Kind mit identisch aussehenden, aber unterschiedlich schweren Gefäßen spielt und diese mit den Händen wiegt, lernt es schnell, die Begriffe leicht und schwer zu begreifen.

Ablauf:

1. Befüllen Sie sechs undurchsichtige Gefäße, von sehr leicht bis sehr schwer: Eines bleibt leer, das zweite wird mit ein paar Nägeln oder mit ein bisschen Sand gefüllt, das dritte wird bis obenhin befüllt. Stopfen Sie das zweite Gefäß mit einem Taschentuch aus, damit die Gegenstände nicht hin und her rollen und das Kind durch das Geräusch abgelenkt wird. Das unterschiedliche Gewicht muss klar und ohne Zweifel erkennbar sein. Dann bereiten Sie drei weitere Gefäße auf identische Weise vor.

2. Nehmen Sie das leichteste sowie das schwerste Gefäß und zeigen Sie beide nacheinander dem Kind, wobei Sie »leicht« und »schwer« sagen. Das Kind soll die Gefäße selbst wiegen und das Wort dazu sagen. Lassen Sie das Kind sich an die Übung gewöhnen.

3. Dann zeigen Sie dem Kind alle drei Gefäße, vom leichtesten bis zum schwersten, um es andere Nuancen fühlen zu lassen.

4. Wenn das Kind diese Übung gut verinnerlicht hat, können Sie ihm alle sechs Gefäße zeigen und ihm vorschlagen, die gleich schweren Paare zusammenzusuchen. Wenn Sie daran gedacht haben, unter den Gefäßen jeweils einen farbi-

gen Klebepunkt anzubringen, um sie zu identifizieren, kann das Kind sich auch selbst korrigieren. Lassen Sie das Kind damit spielen, so lange es will.

Erweiterung:

Geben Sie dem Kind eine Waage (wenn möglich eine mit einer einzigen Waagschale, mit Zeiger, nicht digital) und zeigen Sie ihm, wie sie funktioniert. Dann lassen Sie das Kind die verschiedenen Objekte von leicht bis schwer wiegen und darauf achten, wie sich der Zeiger nach rechts bewegt.

Gefördertes Potenzial:

Betrachten und Vergleichen von Unterschieden, Sortieren, Verknüpfen, Messen, Kenntnisse von physikalischen Phänomenen

Farben assoziieren

2 Jahre +   ⏰ 20 bis 30 Min.

Benötigt werden: zwei identische Packungen Schreibstifte (farbige Filzstifte oder Buntstifte)

Indem das Kind versucht, die Farbpaare zusammenzusuchen, wird es nach und nach seine Farbwahrnehmung verfeinern und seine Farbpalette und sein Vokabular ausweiten.

Ablauf:

1. Je nach Alter des Kindes wählen Sie Pakete mit 3, 6, 12 oder 24 Buntstiften oder bunten Filzschreibern aus.
2. Zeigen Sie dem Kind die beiden Pakete und lassen Sie es diese ausleeren und vermischen.

3. Dann schlagen Sie ihm vor, jeweils die zwei Stifte in derselben Farbe zusammenzusuchen. Wenn es ein Paar gefunden hat, fragen Sie ihn nach dem Namen der Farbe. Wenn es sie nicht weiß, helfen Sie ihm.

Erweiterung:

Wenn das Kind diese Übung beherrscht, stecken Sie selbst die Stifte der einen Packung in der ursprünglichen Reihenfolge wieder in die Packung. In den meisten Fällen wird die Farbanordnung die eines Regenbogens sein. Fordern Sie nun das Kind auf, das gleiche mit dem anderen Paket zu tun.

Ein schon etwas größeres Kind kann diese Übung dann ohne Anleitung wiederholen.

Gefördertes Potenzial:

Farbenlehre, Betrachten und Vergleichen von Unterschieden, Verknüpfen, Erweiterung des Wortschatzes, Entwicklung einer verfeinerten Wahrnehmung und der Unterscheidung von Nuancen

Mit den Fingern malen

 2 Jahre +    30 Min.

Benötigt werden: große Zeichenblätter, vorgefertigte Fingerfarbe oder hausgemachte (Zucker, Salz, Maisstärke, Wasser, Lebensmittelfarbe, Topf, kleine Töpfchen)

––––––

Ganz kleine Kinder müssen erst mit Fingern und Händen malen lernen, bevor sie zu Pinsel, Filzstiften und Buntstiften übergehen. Das Kind kann seiner Kreativität freien Lauf lassen, und Sie sollten währenddessen besser nicht vergessen: Wasser ist zum Waschen da!

Ablauf:

1. Sie können fertige Fingerfarbe kaufen, Sie können sie auch selber herstellen, was den Vorteil hat, dass die Farben essbar sind! Dazu müssen Sie nur 3 EL Zucker in einen Topf geben, dazu $\frac{1}{2}$ TL Salz, $\frac{1}{2}$ Glas Maisstärke, 2 Gläser Wasser. Das Ganze erhitzen, bis es eindickt. Die Mischung auf kleine Töpfchen verteilen und je nach Geschmack Lebensmittelfarbe hinzugeben. Abkühlen lassen. Mit Frischhaltefolie abgedeckt halten die Farben gekühlt ca. eine Woche.

2. Legen Sie ein großes Zeichenblatt auf den Fußboden oder kleben Sie es auf ein Glasfenster.

3. Zeigen Sie dem Kind die Farbtöpfchen und lassen Sie es selbst seine Finger eintauchen, einzeln oder die ganze Hand. Nun kann es malen, zeichnen, reiben, übermalen, stempeln, manschen, mischen usw.

Erweiterung:

Diese Übung passt perfekt zu der von S. 245 »Hände waschen«!

Gefördertes Potenzial:

Entwicklung der Konzentrationsfähigkeit, Farbenlehre, Entwicklung der visuellen Wahrnehmung und des Tastsinns, Kreativität, Schönheitssinn

Einen Überraschungssack erkunden

2,5 Jahre +  20 Min.

Benötigt werden: ein Sack aus undurchsichtigem Material, kleine Gegenstände aus dem Haus

---

Das Kind wird großen Spaß daran haben, selber in dem Überraschungssack zu stöbern und echte Schätze zu entdecken und zu vergleichen!

Ablauf:

1. Bereiten Sie den Sack vor, indem Sie ihn mit kleinen, ganz verschiedenen Alltagsgegenständen füllen: z. B. ein Löffel, ein Korken, ein Spielzeugauto, ein Haargummi, ein Armband, ein Würfel, ein Luftballon ohne Luft usw. Variieren Sie Textur und Größe, aber achten Sie darauf, nicht zu kleine Objekte auszuwählen, die eventuell verschluckt werden könnten.

2. Zeigen Sie dem Kind, wie es einen Gegenstand nach dem anderen aus dem Sack holen kann. Dann lassen Sie es ganz nach seinem Rhythmus die Übung ausführen. Je nach Alter des Kindes kann es die Gegenstände nebeneinanderlegen und sie benennen.

3. Wenn das Kind die Übung gut beherrscht, kann es sie auch mit geschlossenen Augen ausführen. Dabei soll es herausfinden, um was es sich handelt, indem es die Dinge nur berührt.

Erweiterung:

Sie können den Nutzen der Übung erhöhen, indem Sie immer zwei gleiche Dinge in den Sack legen und das Kind jeweils das Paar finden lassen.

Gefördertes Potenzial:

Betrachten und Vergleichen von Unterschieden, ein aufmerksamer Entdecker seiner Umwelt werden, Bereicherung des Wortschatzes, Durchführung und Beherrschung einzelner Handgriffe

Mit einem Gegenstand auf dem Kopf gehen

  5 bis 10 Min.

Benötigt wird: ein kleiner, leichter Gegenstand (Taschenbuch, Schaumstoffball, Spielzeugauto, Legosteine usw.)

––––––

Dieses kleine Spiel scheint auf den ersten Blick sehr simpel, es ist aber eine Herausforderung, mit einem Gegenstand auf dem Kopf zu gehen, ohne ihn festzuhalten oder herunterfallen zu lassen. Das Kind entwickelt seine Konzentrationsfähigkeit, sein Gleichgewicht und seine Koordination.

Ablauf:

1. Lassen Sie das Kind einen kleinen Gegenstand (nicht zerbrechlich) auswählen.
2. Geben Sie ihm vorher die Entfernung an, die es gehen soll.
3. Ermutigen Sie das Kind, mit dem Gegenstand auf dem Kopf zu gehen, ohne ihn festzuhalten oder fallen zu lassen. Das Kind wird sich während der Übung automatisch selbst korrigieren: Wenn der Gegenstand herunterfällt, muss das Kind ihn nur aufheben und weitergehen, bis zum Ende des Weges.
4. Es kann von vorn anfangen, sooft es will.

Erweiterung:

Wenn das Kind die Übung beherrscht, kann es sie mit einem anderen Gegenstand wiederholen, um andere Eindrücke des Gleichgewichts zu erleben, oder es kann die Übung variieren, indem es einer Linie auf dem Boden folgt (mit Kreide gezeichnet oder mit einem Faden oder einer Kordel vorgegeben).

Gefördertes Potenzial:

Förderung des Konzentrationsvermögens, lernen, eine Aufgabe von Anfang bis Ende zu erfüllen, Beherrschung von Handgriffen, Koordination, Kontrollvermögen und Gleichgewichtssinn

Auf einem Seil laufen

 3 Jahre +    5 bis 10 Min.

Benötigt wird: ein Seil von 5 bis 10 Metern Länge

— — — — —

Diese so einfache Übung fördert den Gleichgewichtssinn, die Koordination der Beine und Füße und die Konzentration des Kindes.

Ablauf:

1. Lassen Sie das Kind einen möglichst großen, gleichmäßigen Kreis mit dem Seil auf den Boden legen.
2. Schlagen Sie dem Kind vor, einmal rund zu laufen, und zwar auf dem Seil, Schritt für Schritt, wie ein Seiltänzer (nur, dass das Seil auf dem Boden liegt!).
3. Variieren Sie die Übung, indem Sie das Kind die Position des Seils ändern lassen, z. B. in gewundene Kurven.

Erweiterung:

Wenn das Kind die Übung gut beherrscht, kann es auch versuchen, rückwärts zu gehen oder mit geschlossenen Augen usw.

Gefördertes Potenzial:

Förderung des Konzentrationsvermögens, Kontroll- und Gleichgewichtssinn, Verfeinerung der Bewegungen und Koordination von Beinen und Füßen

Mit einer Schelle spielen

  5 bis 10 Min.

Benötigt wird: eine kleine Schelle

– – – – –

Das Kind wird vor die Herausforderung gestellt, mit der Schelle in der Hand einige Schritte zu gehen, ohne sie klingeln zu lassen, und wird damit seine Aufmerksamkeit, seine Konzentration und die Beherrschung von Handgriffen schulen.

Ablauf:

1. Geben Sie dem Kind eine Schelle. Es wird sie untersuchen, klingeln lassen und sich an den Umgang gewöhnen.

2. Dann, wenn das Kind so weit ist, zeigen Sie ihm den Weg, den es gehen soll.

3. Das Ziel ist es, zu gehen, ohne die Schelle erklingen zu lassen.

4. Auch diese Übung basiert auf dem Prinzip der Selbstkontrolle, das Kind kann von vorn anfangen, so oft es will.

Erweiterung:

Wenn das Kind die Übung beherrscht, können Sie den Schwierigkeitsgrad erhöhen, indem Sie dem Kind vorschlagen, den gleichen Weg zu nehmen, aber mit einer zweiten Schelle in der anderen Hand. Oder Sie lassen es einige Hindernisse umgehen, die Sie auf den Weg gestellt haben.

Gefördertes Potenzial:

Förderung des Konzentrationsvermögens, lernen, eine Aufgabe von Anfang bis Ende zu erfüllen, Beherrschung von Handgriffen, Koordination, Kontroll- und Gleichgewichtssinn

Den Geschmackssinn verfeinern

 3 Jahre +    10 bis 20 Min.

Benötigt werden: drei Schokoladentafeln derselben Marke mit unterschiedlich hohem Kakaoanteil

– – – – –

Um seine Geschmacksnerven und die Sinneswahrnehmung zu schärfen, soll das Kind drei Schokoladen probieren, die verschieden hohe Kakaoanteile haben.

Ablauf:

1. Wählen Sie drei Schokoladen mit unterschiedlich hohem Kakaoanteil aus, aber von derselben Marke. Nur der Kakaoanteil soll sich ändern, nicht die Geschmacksrichtung (nehmen Sie möglichst eine dunkle Schokolade ohne Zusätze) oder die Herkunft des Kakaos. Entscheiden Sie sich, wenn möglich, für eine sehr gute Schokolade. Der Prozentanteil des Kakaos ist von Marke zu Marke unterschiedlich, möglich ist: 50 %, 70 % und 85 %.

2. Nun lassen Sie das Kind eine Schokolade nach der anderen probieren, von der mit wenig Kakao bis zu der mit hohem Kakaoanteil. Nach jedem Probierstück soll das Kind sich den Mund mit einem Schluck Wasser ausspülen.

3. Das Kind soll Ihnen seine Eindrücke und seine Vorlieben mitteilen.

4. Schlagen Sie dem Kind vor, dieselbe Übung mit geschlossenen Augen zu machen, dabei soll es versuchen, die Abstufung des Kakaoanteils zu erkennen.

Erweiterung:

Um noch weiterzugehen, lassen Sie das Kind ein kleines Stück Schokolade mit sehr hohem Kakaoanteil probieren, fast pur mit 99 %. Das schmeckt nicht mehr vertraut nach Schokolade, aber das Kind kann so seinen Geschmackssinn noch weiter verfeinern!

Wenn sich das Kind interessiert zeigt, nutzen Sie die Gelegenheit und erzählen ihm etwas über die Herstellung von Kakao und Schokolade. Vielleicht können Sie das Kind eines Tages mit zu einem Schokoladenhersteller nehmen, der Besichtigungen anbietet, oder in ein Schokoladenmuseum.

Gefördertes Potenzial:

Förderung des Geschmackssinns, Betrachten und Vergleichen von Unterschieden, Sortieren, Entwicklung einer verfeinerten Wahrnehmung und der Unterscheidung von Nuancen

Warm, kalt und lauwarm vergleichen

 3 Jahre +   ⏰ 10 bis 20 Min.

Benötigt werden: drei identische Töpfe oder Tassen, ein Krug warmes Wasser (aber nicht zu heiß), ein Krug kaltes Wasser (aber nicht gefroren!) und ein Löffel zum Umrühren

— — — — —

Diese Übung dient dazu, dem Kind die Begriffe warm, kalt und lauwarm durch eigene Erfahrung nahezubringen.

Ablauf:

1. Lassen Sie das Kind Ihnen bei der Vorbereitung der Übung helfen, indem Sie ihm vorschlagen, das erste Gefäß mit kaltem Wasser zu befüllen. Lassen Sie es das Wasser berühren und sagen Sie dabei »kalt«. Lassen Sie es das Wort, sooft es will, wiederholen.

2. Genauso (natürlich nachdem Sie die Temperatur geprüft haben, idealerweise um die 37 °C) lassen Sie das Kind das zweite Gefäß mit warmem Wasser füllen. Gehen Sie so vor wie beim kalten Wasser.

3. Nun lassen Sie das Kind das dritte Gefäß zur Hälfte mit kaltem und zur Hälfte mit warmem Wasser füllen. Das Kind soll umrühren. Dann gehen Sie wie gehabt vor.

Erweiterung:

Wenn das Kind die Begriffe kalt, warm und lauwarm gut verstanden hat, können Sie die Gefäße ungeordnet hinstellen und das Kind auffordern, die Temperaturen zu identifizieren, indem es das Wasser berührt. Dann können Sie noch drei weitere Gefäße vorbereiten und das Kind die Paare mit gleicher Temperatur suchen lassen.

Gefördertes Potenzial:

Beobachtung und Vergleichen von Unterschieden, die einzelnen Schritte der Übung befolgen, Förderung des Tastsinns, Durchführung und Beherrschung einzelner Handgriffe

Einem Musikrhythmus folgen

3 Jahre + 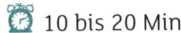 🕐 10 bis 20 Min.

Benötigt wird: kein besonderes Material erforderlich

– – – – –

Ein Kind hat das natürliche Bedürfnis, Töne zu erzeugen, indem es in die Hände klatscht oder auf die Knie klopft. Diese sehr einfache Übung ermöglicht es schon den Kleinsten, ihren Sinn für Rhythmus zu verfeinern und das musikalische Gehör zu schulen.

Ablauf:

1. Fordern Sie das Kind auf, einen Rhythmus nachzumachen, den Sie ihm vorgeben, indem Sie in die Hände klatschen oder auf die Knie klopfen. Fangen Sie mit einem einfachen, binären Rhythmus an.

2. Wenn das Kind die Übung verstanden hat, können Sie den Schwierigkeitsgrad leicht erhöhen, indem Sie Unterbrechungen in den Rhythmus einbauen.

3. Dann können Sie die Rollen tauschen und das Kind auffordern, Sie anzuleiten.

Erweiterung:

Vertiefen Sie die Übung, indem Sie das Kind den Rhythmus mit den Füßen tippen lassen, um die Koordination der unteren Körperhälfte zu fördern.

Gefördertes Potenzial:

Ausbildung des Hörsinns, Entwicklung der Konzentrationsfähigkeit, Koordination, Entwicklung des körperlichen Ausdrucks, Zuhören

Die Erdanziehungskraft ausprobieren

3 Jahre + 20 Min.

Benötigt werden: eine lange Röhre aus Karton (Posterverpackung oder aneinandergeklebte Küchenpapierrollen), eine Murmel oder ein kleiner Ball

———————

Das Kind wird viel Spaß daran haben, die Erdanziehungskraft auszuprobieren, indem es eine Murmel wieder und wieder durch eine lange Kartonröhre laufen lässt.

Ablauf:

1. Zeigen Sie dem Kind eine lange Kartonröhre und eine Murmel oder einen kleinen Ball. Zeigen Sie ihm, wie man die Murmel an einer Seite in die Röhre legt und sie hindurchlaufen lässt, indem man die Röhre nach oben neigt.

2. Lassen Sie das Kind selbst probieren, es wird intuitiv die Geschwindigkeit des Durchrollens vergleichen, je nach Neigungsgrad. Lassen Sie das Kind die Übung in seinem Rhythmus erkunden, so lange, wie es will.

Erweiterung:

Wenn das Kind die Übung gut beherrscht, können Sie einen kleinen Parcours bauen, indem Sie weitere Röhren hinzufügen oder Hindernisse einbauen, und das Kind auffordern, seine Murmel von einer Ecke in die andere des Raumes zu bewegen.

Gefördertes Potenzial:

Beobachtungsgabe, Genauigkeit, sich im Raum zurechtfinden, Durchführung und Beherrschung einzelner Handgriffe, Kenntnisse von physikalischen Phänomenen

Eine Wasserverkostung machen

  20 Min.

Benötigt werden: drei stille Wasser zur Blindverkostung, drei identische, durchsichtige Gläser

─────

Wasser schmeckt nach gar nichts? Überraschen Sie das Kind, indem Sie es drei verschiedene Wasser mit geschlossenen Augen probieren lassen und so vom Gegenteil überzeugen.

Ablauf:

1. Wählen Sie für diese Übung drei verschiedene stille Wasser aus: z. B. Leitungswasser, eine eher »neutrale« Wassersorte wie Evian oder Volvic und ein sehr mineralisches Wasser.

2. Geben Sie das Wasser in drei identische Gläser, bei gleicher Temperatur, aber so, dass das Kind es nicht sieht.

3. Dann lassen Sie das Kind ein Glas nach dem anderen probieren. Es soll versuchen, die Unterschiede zu erkennen und zu beschreiben. Es wird sicher erstaunt sein! Besonders spannend wird es, wenn das Kind versucht, das Leitungswasser zu identifizieren.

4. Dann lassen Sie es die drei Wasser ein zweites Mal probieren und nennen Sie ihm die Namen der Wasser, sodass es Namen und Geschmack miteinander verbindet.

5. Das Kind kann nun versuchen, die drei Wasser mit geschlossenen Augen zu probieren und die Herkunft zu bestimmen.

Erweiterung:

Wenn das Kind Interesse zeigt, können Sie die Übung noch einmal mit kohlesäurehaltigen Mineralwassern durchführen. Dabei kann es die Feinheit der Bläschen vergleichen, im Glas und im Mund.

Gefördertes Potenzial:

Ausbildung des Geschmackssinns, Betrachten und Vergleichen von Unterschieden, Förderung der Konzentrationsfähigkeit, Entwicklung einer verfeinerten Wahrnehmung und der Unterscheidung von Nuancen

Mit geschlossenen Augen riechen

 **3 Jahre +**  20 Min.

Benötigt werden: sechs undurchsichtige Gefäße, z. B. Filmdosen oder Kinder-Überraschungseier, drei verschiedene zu riechende Materialien in doppelter Ausführung, Musselin (oder medizinische Kompressen), sechs Gummibänder, farbige Klebepunkte

––––––

Der Geruchssinn wird bei der Erziehung oft vernachlässigt … Mit dieser Übung wird das Kind seinen Geruchssinn schulen können.

Ablauf:

1. Bereiten Sie die Übung vor, indem Sie drei zu riechende Materialien auswählen und in die Gefäße füllen. Zum Beispiel: drei duftende Gewürze, drei verschiedene Parfums auf jeweils einem Taschentuch, drei sehr unterschiedlich parfümierte Teesorten usw. Bereiten Sie jeweils zwei derselben Art vor und verschließen Sie die Gefäße mit einem Stück Musselin und einem Gummiband. So kann das Kind den Inhalt riechen, ohne ihn zu sehen. Versehen Sie jedes Paar mit gleichfarbigen Klebepunkten unter dem Gefäß.

2. Lassen Sie nun das Kind nacheinander an jedem Gefäß riechen und bitten Sie es, den Geruch zu beschreiben.

3. Wenn es die Gerüche identifiziert hat, kann es sie paarweise zusammensuchen und sich mithilfe der Klebepunkte selbst korrigieren.

4. Wenn das Kind die Übung gut beherrscht, können Sie nach und nach andere Duft-Paare hinzufügen.

Erweiterung:
Nach dem gleichen Prinzip können Sie das Kind auch Sachen mit verschlossenen Augen probieren lassen.

Gefördertes Potenzial:
Erfassen und Vergleichen von Unterschieden, Verknüpfen, Ausbildung des Geruchssinns, Entwicklung einer verfeinerten Wahrnehmung und der Unterscheidung von Nuancen

Handkonturen nachziehen

  20 Min.

Benötigt werden: Buntstifte oder farbige Filzstifte, ein Blatt Papier

––––––

Diese Übung scheint recht simpel zu sein: Das Kind soll ganz einfach die Kontur seiner Hand nachziehen. Und doch ist sie gerade für die ganz Kleinen sehr interessant, weil sie dadurch zahlreiche Fähigkeiten schulen können: Konzentration, Beobachtung, Genauigkeit, Koordination.

Ablauf:
1. Zeigen Sie dem Kind, wie die Übung funktioniert, indem Sie Ihre Hand flach auf ein Blatt Papier legen und die Kontur nachzeichnen.

2. Dann schlagen Sie dem Kind vor, mit seiner flach auf ein Papier gelegten Hand das Gleiche zu tun. Es ist natürlich für das Kind einfacher, die nicht dominante Hand hinzulegen, z. B. die linke, wenn es Rechtshänder ist, und mit der dominanten zu zeichnen.

3. Schließlich kann das Kind den Umriss seiner Hand farbig ausmalen und seiner Kreativität freien Lauf lassen, wenn es mag.

Erweiterung:

Um die Übung zu vertiefen, lassen Sie das Kind die andere Hand mit der nicht dominanten Hand nachzeichnen.

Gefördertes Potenzial:

Genauigkeit, Fleiß, Vorbereitung auf das Schreiben, Beherrschung von Handgriffen, Koordination

Tiefe und hohe Töne identifizieren

 20 bis 30 Min.

Benötigt werden: verschiedene Glocken, idealerweise Montessori-Material, ansonsten selbst zusammengesuchte Glocken

Bei dieser Übung wird das Kind durch eigene Erfahrung eine Vorstellung von hohen und tiefen Tönen entwickeln und sein musikalisches Gehör schulen.

Ablauf:

1. Sammeln Sie einige Glocken zusammen, die unterschiedlich groß und verschieden geformt sind, wenn Sie kein Montessori-Material haben.

2. Zu Beginn lassen Sie das Kind selbst mit den Glocken spielen, die Töne vergleichen, sie läuten lassen und sich daran gewöhnen.

3. Fordern Sie das Kind nun auf, die Augen zu schließen, sodass es nicht von der Größe der Glocke beeinflusst wird. Nun lassen Sie die Glocke mit dem tiefsten Ton erklingen und sagen »tief«.

4. Genauso nehmen Sie die Glocke mit dem höchsten Ton und sagen »hoch«.

5. Wenn das Kind die Begriffe gut verstanden hat, lassen Sie es wieder selbst mit den Glocken spielen. Dabei soll es sie von der tiefsten bis zur höchsten erklingen lassen.

Erweiterung:

Ermuntern Sie das Kind, ein kleines Konzert mit den Glocken zu komponieren, so wie es will!

Gefördertes Potenzial:

Ausbildung des Hörsinns, Betrachten und Vergleichen von Unterschieden, Sortieren, Zuhören

Mit dem Atem spielen

 3 Jahre + 20 bis 30 Min.

Benötigt werden: ein Tischtennisball, ein Strohhalm, Bücher oder eine Kordel

─────

Das Kind wird großen Spaß an dieser Übung haben, bei der es einen Tischtennisball mit seinem Atem lenkt. Nebenbei lernt es, seine Aktionen an die Umgebung anzupassen, seinen Atem zu lenken, sich zu konzentrieren …

Ablauf:

1. Zeigen Sie dem Kind den Tischtennisball. Zuerst soll es sich mit dem Ball vertraut machen, damit spielen, ihn rollen, hochspringen lassen …

2. Nun fordern Sie das Kind auf, den Ball durch seinen Atem zu bewegen. Das Kind wird nach und nach lernen, sein Pusten zu dosieren, je nach gewünschtem Resultat.

3. Wenn das Kind die Übung gut beherrscht, schlagen Sie ihm vor, den Ball über einen kleinen Parcours zu dirigieren, den Sie mit Büchern, einer Kordel usw. vorbereitet haben.

Erweiterung:

Sie können die Übung verlängern, indem Sie dem Kind vorschlagen, das Ganze mit einem Strohhalm durchzuführen.

Gefördertes Potenzial:

Förderung des Konzentrationsvermögens, Genauigkeit, Fleiß, Beherrschung von Handgriffen, Kontrollsinn

Den menschlichen Körper betrachten

 20 bis 30 Min.

Benötigt wird: kein besonderes Material erforderlich

———

Indem das Kind seinen eigenen Körper betrachtet, von den Eltern angeleitet, kann es sich mit seinen Funktionen vertraut machen und grundlegende anatomische Begriffe kennenlernen.

Ablauf:

1. Zeigen Sie dem Kind zuerst, wie gut die Haut den ganzen Körper schützt und wie sie, je nachdem wie fein sie ist, empfindlich auf Druck reagiert.

2. Erklären Sie dem Kind das Prinzip der Knochen, das gelenkige Gerüst des Körpers, das für dessen Haltung und den Schutz der inneren Organe verantwortlich ist. Lassen Sie das Kind sein Schlüsselbein, sein Schienbein, seine Rippen berühren … und ihn die perfekten Gelenke seiner Hände, seiner Knie, seiner Ellbogen, seines Kiefers spüren …

3. Lassen Sie es Ihr Herz mit seinen regelmäßigen Schlägen spüren, indem Sie den Kopf des Kindes daran halten oder ein Stethoskop benutzen, wenn Sie eins besitzen.

4. Fordern Sie das Kind auf, tief ein- und auszuatmen, über den Bauch, dann über die Mitte des Körpers, schließlich in den oberen Teil der Lunge und zeigen Sie ihm, wie der Atem durch seinen Körper läuft und durch Ihren.

5. Zeigen Sie ihm, wie man den Puls fühlt und – je nach Alter des Kindes – wie man ihn misst, am Handgelenk oder an der Halsschlagader.

6. Zeigen Sie dem Kind seine Venen und auch die Ihrigen und erklären Sie ihm die komplexe Blutzirkulation im Körper.

Erweiterung:

Wenn das Kind sich interessiert zeigt, können Sie ihm einige Anatomie-Tafeln präsentieren (im Internet, in einem Anatomie-Atlas usw.).

Gefördertes Potenzial:

Beobachtungsgabe, ein aufmerksamer Entdecker seiner Umwelt werden, Respekt vor der Natur und dem Leben, Kenntnisse von physikalischen Phänomenen

Wärmeleittäfelchen entdecken

3 Jahre + 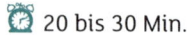 20 bis 30 Min.

Benötigt werden: sechs Montessori-Wärmeleittäfelchen-Paare – oder selbst gebastelte, wenn Sie keine haben

– – – – –

Durch die Wärmeleittäfelchen kann man durch Berührung die Temperaturen von einzelnen Materialien erkunden.

Ablauf:

1. Bereiten Sie das Montessori-Material vor oder basteln Sie es selbst. Dazu bringen Sie einfach sechs Paare unterschiedlicher Materialien zusammen, auf die gleiche Größe geschnitten (z. B. 8 x 4 cm): Filz, Kork, Holz, Schiefer, Glas, Stahl. Diese Materialien haben verschiedene Temperaturen, von warm (Filz) bis kalt (Stahl).

2. Erläutern Sie dem Kind die Übung und holen Sie alle Tafeln heraus.

3. Beginnen Sie mit dem wärmsten Täfelchen. Berühren Sie es vor dem Kind und lassen Sie es selbst berühren. Fragen Sie das Kind, was es fühlt.

4. Dann holen Sie das kälteste heraus und wiederholen es.

5. Dann fordern Sie das Kind auf, die Augen zu schließen, eine Tafel nach der anderen zu berühren und sie zu Paaren zusammenzulegen. Das Ergebnis kann sofort kontrolliert werden, durch die Optik.

6. Lassen Sie das Kind mit dem Material hantieren, so lange es will.

Erweiterung:

Es könnte interessant sein, diese Übung mit der von S. 165 »Warm, kalt und lauwarm vergleichen« zu kombinieren.

Gefördertes Potenzial:

Förderung der Konzentrationsfähigkeit, Betrachten und Vergleichen von Unterschieden, den Abschnitten der Übung folgen, Verknüpfen, Ausbildung des Tastsinns

Dominosteine aneinanderreihen

3 Jahre +   🕑 20 bis 30 Min.

Benötigt wird: ein Dominospiel

––––––

Indem das Kind die Dominosteine längs aneinanderreiht, fördert es Aufmerksamkeit, Genauigkeit, Gleichmäßigkeit und Koordination. Aber Achtung, nicht zu schnell umstürzen lassen …

Ablauf:

1. Zeigen Sie dem Kind, wie es die Dominosteine aufstellen kann, längs hintereinander, und achten Sie dabei auf regelmäßige Abstände.
2. Nun lassen Sie das Kind in seinem eigenen Tempo vorgehen, ohne es dabei zu stören oder zu unterbrechen. Tatsächlich hat diese Übung ein sehr hohes Potenzial zur umgehenden Selbstkorrektur!

Erweiterung:

Wenn das Kind genügend Steine aneinandergereiht hat, fordern Sie es auf, selbst den ersten Stein umzustoßen: Was für eine Überraschung, diese Kettenreaktion und Kaskade! Dann zeigen Sie ihm zur Inspiration Videos von Weltmeisterschaften.

Gefördertes Potenzial:

Fleiß, Geduld, Koordination, Kontroll- und Gleichgewichtssinn

Mit kleinen Farbpunkten arbeiten

3 Jahre +   ⏰ 30 Min.

Benötigt werden: kleine farbige Punkte (runde Magneten, Spieljetons, Knöpfe usw.)

— — — — —

Das Kind wird großen Spaß daran haben, mit den kleinen farbigen Punkten zu hantieren und zahlreiche Kreationen daraus zu machen, indem es sie aneinanderreiht.

Ablauf:

1. Zeigen Sie dem Kind einen Satz kleine farbige Punkte. Je nach vorhandenem Material sind das Magnete, Spieljetons oder Knöpfe in allen möglichen Farben. Zeigen Sie dem Kind, wie es damit umgehen und die Punkte arrangieren

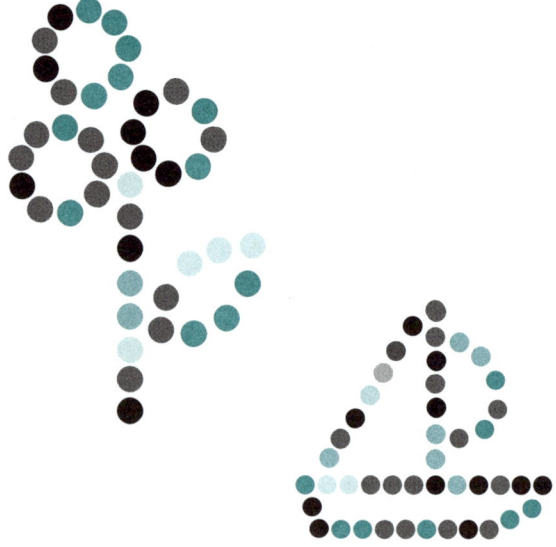

kann. Zusammengesetzt können die Punkte geometrische Figuren, Zeichnungen usw. ergeben.

2. Lassen Sie das Kind in seinem Rhythmus damit spielen.

Erweiterung:

Fordern Sie das Kind auf, die Knöpfe, falls Sie welche verwendet haben, auf eine Schnur aufzufädeln.

Gefördertes Potenzial:

Kreativität, Vorbereitung auf die Geometrie, Ausbildung des Seh- und Hörsinns, Durchführung und Beherrschung einzelner Handgriffe

Musikinstrumente entdecken

3 Jahre +   ⏰ 30 Min.

Benötigt werden: drei verschiedene Musikinstrumente

Indem es verschiedene Instrumente vergleicht und ausprobiert, kann das Kind sich der wunderbaren Welt der Musik öffnen ...

Ablauf:

1. Suchen Sie drei verschiedene Musikinstrumente aus: z. B. Schelle, Blockflöte, Triangel, Xylophon, Rassel, Kastagnetten, Gitarre, Klavier, Djembe usw. Haben Sie keine eigenen, können Sie sich bestimmt welche in Ihrem Bekanntenkreis ausleihen.

2. Zeigen Sie dem Kind jedes Instrument und nennen Sie den Namen.

3. Lassen Sie das Kind die Instrumente selber ausprobieren und damit experimentieren ...

Erweiterung:

Wenn Sie Zugang zu anderen Instrumenten haben, zeigen Sie sie dem Kind bei einer weiteren Sitzung. Wenn nicht, können Sie das Kind auch dafür sensibilisieren, wie viele Instrumente es gibt, indem Sie ihm Fotos zeigen und natürlich indem Sie in ein Konzert gehen (siehe S. 84 »Zu einem Konzert gehen«).

Gefördertes Potenzial:

Zuhören, Öffnung für die Kunst, Ausbildung des Hörsinns, lernen, still zu sein, Betrachten und Vergleichen von Unterschieden

Ein Nahrungsmittel in verschiedenen Formen probieren

3 Jahre + während einer Mahlzeit

Benötigt werden: Karotten, in fünf verschiedenen Zubereitungsformen

————

Das Kind wird erstaunt sein, so viele verschiedene Formen der Zubereitung eines Nahrungsmittels zu probieren und zu vergleichen, alles während einer Mahlzeit. Diese Übung wird es vielleicht dazu animieren, öfter kochen zu wollen …

Ablauf:

1. Erklären Sie dem Kind, dass das Thema der Mahlzeit die Karotte ist.
2. Fordern Sie das Kind (je nach Alter mit Ihrer Hilfe) auf, die Karotten zuzubereiten: Stifte als Appetitanreger, geraspelt als Vorspeise, püriert und gedünstet als Hauptspeise und als Kuchen zum Nachtisch!
3. Nun muss das Kind nur noch probieren … und auf die Unterschiede in Beschaffenheit, Geschmack, Aussehen, Farbe, Geruch usw. achten.

Erweiterung:

Eier eignen sich besonders gut zum kulinarischen Experimentieren, so können Sie z. B. als Appetitanreger Wachteleier anbieten, gefüllte Eier als Vorspeise, eine Variation aus gekochten Eiern/Spiegeleiern/Rühreiern als Hauptspeise und als Dessert eine Eiercreme! Achtung, immer nur kleine Portionen essen, sonst wird das Essen viel zu reichhaltig! Sie können diese Übung auch mit anderen Nahrungsmitteln machen: Rüben, Gurken, Süßkartoffeln usw.

Gefördertes Potenzial:

Betrachten und Vergleichen von Unterschieden, Ausbildung des Geschmackssinns, Entwicklung einer verfeinerten Wahrnehmung und der Unterscheidung von Nuancen, Durchführung und Beherrschung einzelner Handgriffe

Mit geschlossenen Augen gehen

3,5 Jahre +    10 bis 20 Min.

Benötigt wird: kein besonderes Material erforderlich

─ ─ ─ ─ ─

Indem es mit geschlossenen Augen geht, geleitet von einem Erwachsenen, lernt das Kind die Bedeutung eines Handicaps zu verstehen und schult seine Sinne, seine Koordination, sein Gleichgewicht und sein Vertrauen in andere Menschen.

Ablauf:

1. Erklären Sie dem Kind, dass Sie ein Stück Weg zusammen gehen werden, das Kind mit geschlossenen Augen, von Ihnen geführt.
2. Fordern Sie das Kind auf, die Augen zu schließen, Ihnen den Arm zu reichen und Ihnen zu vertrauen.

3. Gehen Sie so einige Meter zusammen, ganz langsam. Diese Übung kann überall durchgeführt werden, drinnen oder draußen.

4. Fordern Sie das Kind vor allem auf, sich auf seine anderen Sinne zu verlassen: Gehör, Geruch, Berührung, Bewegung …

5. Wenn das Kind einigermaßen sicher mit geschlossenen Augen geht, können Sie die Übung variieren, indem Sie schneller gehen, dem Kind helfen, ein Hindernis zu umgehen, usw.

6. Dann kann das Kind die Augen wieder öffnen und von seinen Gefühlen und seinem Erlebnis berichten.

7. Wenn das Kind die Übung gut beherrscht, können Sie die Rollen tauschen: Das Kind lernt, einen Erwachsenen zu führen.

Erweiterung:

Wenn Sie eines Tages einem Blinden auf der Straße begegnen, erklären Sie dem Kind das Prinzip des Blindenstocks und bieten Sie der Person Ihre Hilfe an, wenn sie es will und nötig hat.

Gefördertes Potenzial:

Vertrauen fassen, Kontroll- und Gleichgewichtssinn, Öffnung des Geistes, Dinge mit Abstand betrachten, Verantwortungsgefühl

Den Ursprung eines Geräuschs erkennen

  20 Min.

Benötigt werden: Alltagsgegenstände aus dem Haus.

———

Durch diese Übung kann das Kind seine auditive Wahrnehmung schulen, da es gezwungen ist, sich zu konzentrieren, um den Ursprung eines Geräuschs herauszufinden.

Ablauf:

1. Diese Übung kann gemäß Ihrem Einfallsreichtum und Ihrer Kreativität improvisiert werden, Sie müssen sich nur umsehen und Alltagsgegenstände aus Ihrem Haus verwenden.

2. Erläutern Sie dem Kind die Übung und fordern Sie es auf, den Ursprung eines Geräuschs zu erraten, das Sie erzeugen. Fangen Sie z. B. damit an, die Tür des Kühlschranks zu öffnen und zu schließen, um dem Kind das Prinzip zu erklären. Fordern Sie das Kind auf, die Augen zu schließen.

3. Variieren Sie die Geräusche. Wenn Sie z. B. in der Küche sind: mit einer Gabel auf einen Teller tippen, eine Glocke läuten, einen Schrank zuschließen, einen Wasserhahn laufen lassen, Wasser in ein Glas füllen usw. Das Kind muss nun den Ursprung herausfinden.

4. Nun tauschen Sie die Rollen, auf dass es all seine Kreativität aufwendet, um Sie irrezuführen!

Erweiterung:

Variieren Sie die Übung, indem Sie das Zimmer wechseln, gehen Sie z. B. von der Küche ins Badezimmer, um neue auditive Wahrnehmungen zu schaffen.

Gefördertes Potenzial:

Schulung des Hörsinns, Entwicklung einer verfeinerten Wahrnehmung und der Unterscheidung von Nuancen, ein aufmerksamer Beobachter und Entdecker seiner Umwelt werden

Geräusche vergleichen

3,5 Jahre +  20 Min.

Benötigt werden: Geräuschdosen von Montessori oder selbst gebastelte, wenn Sie keine haben: zwölf undurchsichtige Dosen, alle identisch (Kinder-Überraschungseier, Filmdöschen, Vitamintablettenröhrchen, mit einfarbigem oder buntem Papier beklebt), farbige Klebepunkte, sechs verschiedene Arten kleiner Elemente, die in die Dosen kommen

––––––

Wenn das Kind eine der Dosen schüttelt, entdeckt es immer wieder ein anderes Geräusch, das es paarweise zuordnen kann. Durch diese Übung kann das Kind seine auditive Wahrnehmung und sein Gehör schulen.

Ablauf:

1. Bereiten Sie sechs Dosenpaare vor und füllen Sie jeweils die gleiche Menge an kleinen Elementen hinein. Zum Beispiel zwei Dosen mit Linsen, zwei mit Büroklammern, zwei mit Sand, zwei mit Kichererbsen, zwei mit Geldmünzen, zwei mit Glöckchen usw. Es ist wichtig, leicht zu unterscheidende Geräusche zu wählen. Das Kind wird viel Spaß daran haben, Ihnen zu helfen und die Dosen mit zu befüllen!

2. Kleben Sie unter jedes Dosenpaar Klebepunkte in derselben Farbe, damit die Übung selbstkorrigierend ist.

3. Fordern Sie das Kind auf, die Dosen in einer Linie senkrecht aufzustellen, eine zu nehmen, hinzuhören, eine andere zu nehmen und sie zu Paaren zusammenzustellen.

4. Eine Korrektur erfolgt durch Prüfen der Geräusche und, wenn nötig, der Klebepunkte.

Erweiterung:

Zur Vertiefung können Sie das Kind auffordern, die Dosen zu sortieren, von schwachen bis hin zu starken Geräuschen.

Gefördertes Potenzial:

Ausbildung des Hörsinns, Geräusche unterscheiden, zu Paaren zusammenstellen, Einteilung

Die Konsistenz verschiedener Zutaten vergleichen

3,5 Jahre +  20 Min.

Benötigt werden: drei identische Schalen mit drei verschiedenen Zutaten, mehr oder weniger fein (z. B. Mehl, Grieß oder auch Sand), und drei identische Geschirrtücher, um sie zuzudecken

───────

Diese Übung ergänzt sehr gut die von S. 186 »Den Tastsinn entwickeln«, aber hier kann das Kind seine taktile Wahrnehmung in 3D ausprobieren und vergleichen.

Ablauf:

1. Bereiten Sie drei identische Schalen vor, die Sie mit drei verschiedenen Zutaten aus der Küche füllen, z. B. Mehl, Grieß oder auch Sand.

2. Die Schalen werden mit Handtüchern zugedeckt, damit das Kind unter das Tuch greifen kann, ohne den Inhalt zu sehen.

3. Stellen Sie dem Kind die Übung vor und schlagen Sie ihm vor, die Hand in jede Schale zu tauchen, um die jeweilige Zutat zu erfühlen.

4. Das Kind soll Ihnen seinen Eindruck erzählen und vergleichen.

5. Sie können ihm auch vorschlagen, die Schalen nach Inhalt zu sortieren, von ganz feiner Konsistenz bis zur rausten.

Erweiterung:

Wenn das Kind die Übung beherrscht, können Sie drei weitere Zutaten einführen und andere Schalen vorbereiten, damit das Kind sie in Paare einteilen kann.

Gefördertes Potenzial:

Entwicklung des Konzentrationsvermögens, Betrachten und Vergleichen von Unterschieden, Sortieren, ein aufmerksamer Entdecker seiner Umwelt werden, Schulung des Tastsinns

Den Tastsinn entwickeln

 **3,5 Jahre +**  20 Min.

Benötigt werden: fünf Paare Montessori-Tasttäfelchen oder, wenn Sie diese nicht haben, selbstgemachte (eine Sperrholzplatte, ein Cutter, fünf Blatt Sandpapier von unterschiedlicher Dicke, aber gleicher Farbe, Kleber, farbige Klebepunkte)

————

Die Tasttäfelchen sind ein Klassiker, um den Tastsinn des Kindes auszubilden.

Ablauf:

1. Wenn Sie keine Montessori-Tasttäfelchen besitzen, können Sie sich diese selber basteln. Dazu müssen Sie lediglich fünf verschieden dicke Sandpapiersorten kaufen (von ganz fein bis rau, zu finden in allen Heimwerkerläden), die Sie auf

Sperrholzplatten kleben. Sie basteln immer zwei von jeder Sorte, im identischen Format, z. B. 6 x 9 cm. So erhalten Sie fünf Paare Tasttäfelchen. Auf der Rückseite kleben Sie bei jedem Paar Klebepunkte in der gleichen Farbe auf, sodass das Kind sich im Laufe der Übung selbst korrigieren kann.

2. Nun zeigen Sie dem Kind die Übung, indem Sie ihm die beiden gegensätzlichsten Täfelchen zeigen.

3. Lassen Sie eine Hand auf dem einen Täfelchen und berühren das andere mit der anderen Hand. Führen Sie dem Kind zwei Beispiele vor, dann lassen Sie es weitermachen. Zeigen Sie ihm, wie es sich mithilfe der Klebepunkte selbst kontrollieren kann.

Erweiterung:

Wenn das Kind die Übung gut beherrscht, kann es sie mit geschlossenen Augen wiederholen oder die Strümpfe ausziehen und das Gleiche mit den Füßen machen oder mit angefeuchteten Händen.

Gefördertes Potenzial:

Ausbildung des Tastsinns, ein aufmerksamer Beobachter und Entdecker seiner Umwelt werden

Die vier Grundgeschmacksrichtungen entdecken

3,5 Jahre +  20 Min.

Benötigt werden: vier Nahrungsmittel, die die vier Grundgeschmacksrichtungen repräsentieren

––––––

Bei dieser Übung wird das Kind die vier grundlegenden Geschmacksrichtungen kennenlernen: süß, bitter, sauer, salzig. Es wird lernen, sie zu erkennen und zu unterscheiden.

Ablauf:

1. Bereiten Sie die Übung vor, indem Sie vier Lebensmittel zusammenstellen, die die vier Geschmacksrichtungen repräsentieren:

   Bitter: Chicorée, ungezuckertes Kakaopulver, Kaffee …

   Sauer: Zitrone, Klementine, Salzgurke …

   Süß: Zucker, Kuchen, Bonbon …

   Salzig: Chips, Salz, Käse …

2. Lassen Sie das Kind alle vier Lebensmittel probieren und einer Geschmacksrichtung zuordnen.

3. Fordern Sie es auf, seine Eindrücke und Vorlieben zu beschreiben.

4. Dann wiederholt das Kind die Übung, aber diesmal mit geschlossenen Augen, um die Begriffe gut zu verinnerlichen.

5. Zeigen Sie dem Kind ein Muster der Zunge und ihrer Geschmackspapillen, das die Aufteilung der Sinnesrezeptoren zeigt: süß am vorderen Teil der Zunge, salzig auf den Seiten, sauer in der Mitte und bitter im hinteren Teil. Lassen Sie das Kind diese Informationen bei der Verkostung direkt ausprobieren, z. B. wenn es ein Eis probieren will, dann mit der Zungenspitze.

Erweiterung:

Wenn das Kind die Übung gut verinnerlicht hat, lassen Sie es Kombinationen von mehreren Grundgeschmacksrichtungen entdecken: gesalzenes Karamell, süßer Kaffee, exotische Süß-sauer Gerichte, bittere Schokolade, gezuckerte Pampelmuse, karamellisierter Chicorée usw.

Gefördertes Potenzial:

Ausbildung des Geschmackssinns, Betrachten und Vergleichen von Unterschieden, Entwicklung einer verfeinerten Wahrnehmung und der Entdeckung von Nuancen, Kenntnisse von physikalischen Phänomenen

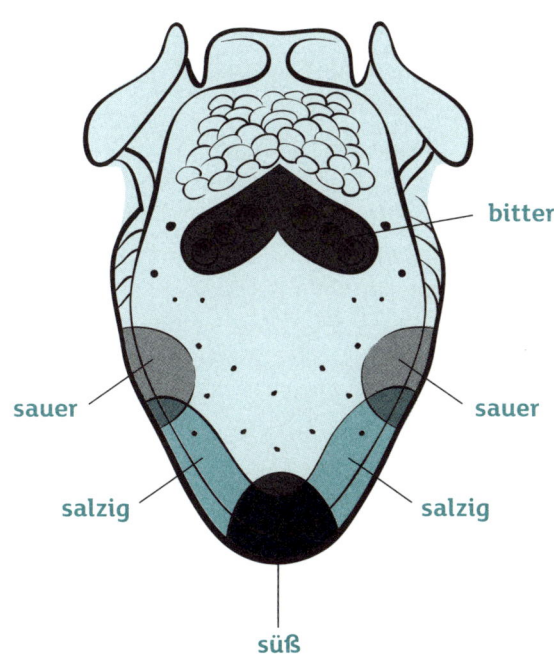

Musik mit Gläsern machen

3,5 Jahre +  20 Min.

Benötigt werden: acht identische Gläser, am besten aus Kristall, ein Krug Wasser, ein Stöckchen (z. B. chinesische Essstäbchen)

————

Das Kind wird großen Spaß an dem Glas-Spiel haben, an diesem Musikinstrument, das so einfach mit unterschiedlich hoch mit Wasser gefüllten Gläsern gespielt werden kann: Je leerer das Glas ist, desto höher ist die Vibration und desto höher der Ton.

Ablauf:

1. Lassen Sie das Kind selbst die acht Gläser füllen, mit unterschiedlich viel Wasser, von ganz wenig bis fast voll.

2. Lassen Sie das Kind vorsichtig mit dem Stäbchen an jedes Glas tippen, es soll hören, wie unterschiedlich die Vibration je nach Fülle des Glases ist und somit auch der Ton.

3. Lassen Sie das Kind dieses neue Instrument entdecken und ein selbst komponiertes Konzert spielen …

4. Dann zeigen Sie dem Kind, wie man mit einem nassen Finger auf dem Rand der Gläser entlanggleitend die Gläser zum »Singen« bringen kann.

Erweiterung:

Um noch weiterzugehen und das musikalische Gehör zu schulen, schlagen Sie dem Kind vor, die Augen zu schließen und die Töne einzuordnen, von ganz tief bis ganz hoch.

Und wenn das Kind sich interessiert zeigt, zeigen Sie ihm Videos von Glasmusik-Konzerten.

Gefördertes Potenzial:

Entwicklung des Hörsinns, Kreativität, Durchführung und Beherrschung einzelner Handgriffe, Schönheitssinn, Öffnung für die Kunst

Stille hören

  5 Min.

Benötigt wird: kein besonderes Material erforderlich

— — — — —

Die Stille hören, das ist paradox … Diese Übung soll der Entwicklung der feinen auditiven Wahrnehmung des Kindes dienen sowie seiner Konzentrationsfähigkeit.

Ablauf:

1. Schlagen Sie dem Kind vor, einigen Minuten der Stille zu lauschen. Es wird sicherlich erstaunt sein, aber fordern Sie es auf, es trotzdem zu probieren.

2. Lassen Sie einige Momente totale Stille einkehren.

3. Dann fragen Sie das Kind nach seinen Erfahrungen: Hat es die Stille wahrgenommen? Hat es auf Geräusche von außen geachtet? Hat es eine totale Stille wahrgenommen?

Erweiterung:

Falls Sie die Gelegenheit dazu haben, können Sie die Übung verlängern, indem Sie gemeinsam mit dem Kind ein »taubes« Zimmer (oder akustisch schalltotes Zimmer) besuchen, das die Geräusche absorbiert und die Illusion einer totalen Stille vermittelt. Am besten informieren Sie sich im Internet, ob und wo Sie in Ihrer Nähe einen solchen Raum besuchen können.

Gefördertes Potenzial:

Ausbildung des Hörsinns, lernen, still zu sein, Zuhören, Entwicklung des Konzentrationsvermögens, Beobachtungsgabe

Mit zugehaltener Nase schmecken

 **4 Jahre +**   ⏰ 10 Min.

Benötigt wird: ein Lebensmittel, das das Kind gerne mag

–––––

Diese simple Übung, die darin besteht, ein Lebensmittel mit zugehaltener Nase zu schmecken, lässt das Kind sehr gut den Unterschied zwischen Geschmack und Geruchssinn verstehen.

Ablauf:

1. Erklären Sie dem Kind, dass Geschmacks- und Geruchssinn miteinander verbunden sind und dass es möglich ist, zu riechen, ohne zu schmecken, aber viel schwieriger zu schmecken, ohne zu riechen.
2. Damit das Kind dies selbst erfahren kann, lassen Sie es an einem Lebensmittel riechen, das es gerne mag.
3. Dann fordern Sie es auf, das Lebensmittel zu probieren und sich dabei die Nase zuzuhalten. Es soll Ihnen seine Eindrücke mitteilen.
4. Dann nimmt es nochmal einen Mund voll, probiert diesmal ganz normal. Bemerkt es den Unterschied?
5. Erklären Sie dem Kind nun, wie Mund und Nase im hinteren Gaumenbereich verbunden sind. So gelangen beim Essen einige Moleküle des Lebensmittels in den Geruchsbereich der Nase: das Phänomen der »retronasalen Aromawahrnehmung«. Die Rezeptoren im Nasenraum fangen die Aromen der Lebensmittel auf und geben Signale an das Ge-

hirn weiter, die wiederum mit den Geschmackspapillen auf der Zunge verknüpft sind (siehe auch die Komplementär-Übung auf S. 188 »Die vier Grundgeschmacksrichtungen entdecken«).

Hält man sich nun die Nase zu, zirkuliert die Luft nicht mehr und verhindert so den Transport der Partikel durch den hinteren Gaumen, wodurch die Rezeptoren die Gerüche nicht mehr unterscheiden können. Es bleiben nur die vier Grundgeschmacksrichtungen übrig.

6. Zeigen Sie dem Kind eine erklärende Zeichnung, damit es besser den Weg und das Phänomen der Aromawahrnehmung versteht.

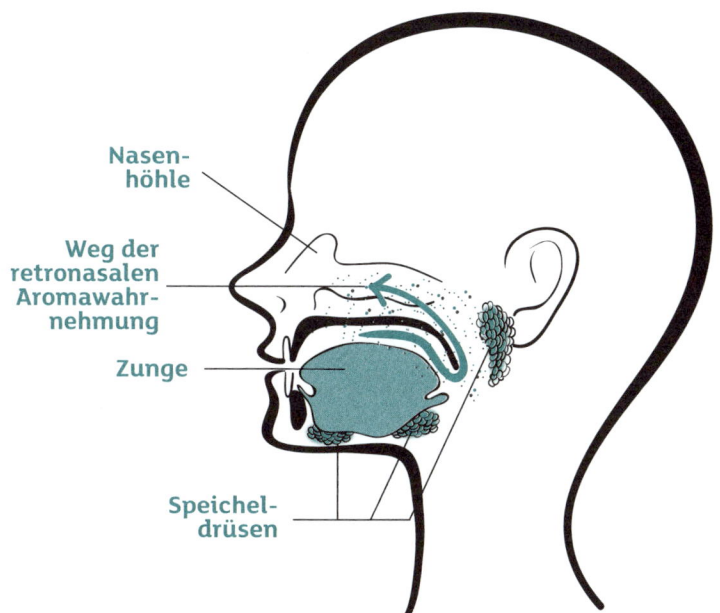

Erweiterung:

Lassen Sie das Kind im Alltag seinen Geruchssinn verfeinern, indem Sie es erst an den Speisen riechen lassen, bevor es sie isst.

Gefördertes Potenzial:

Ausbildung des Geschmacks- und Geruchssinns, Entwicklung einer verfeinerten Wahrnehmung und der Entdeckung von Nuancen, ein aufmerksamer Beobachter und Entdecker seiner Umwelt werden

Eine optische Täuschung schaffen

  20 Min.

Benötigt werden: ein Blatt Kartonpapier, ein Zirkel, ein schwarzer Filzstift oder ein Drucker, eine Schere, eine Stecknadel, eine Perle, ein Korken

─ ─ ─ ─ ─

Diese sehr verwirrende Übung bietet dem Kind ein erstaunliches optisches Phänomen, das Schwarz und Weiß in Farben umwandelt!

Ablauf:

1. Lassen Sie das Kind die Übung selbst vorbereiten, indem es einen Kreis aus dem Kartonpapier ausschneidet und darauf die rechts dargestellte Zeichnung mit Ihrer Hilfe malt oder eine Kopie der Zeichnung aufklebt: Es handelt sich um die sogenannte Benham-Scheibe, die, obwohl sie nur schwarz-weiß ist, durch genügend schnelles Drehen verschiedene Farben erscheinen lässt!

2. Zeigen Sie dem Kind, wie es in die Mitte der Scheibe eine Stecknadel stecken kann, die es dann dahinter durch die Perle und den Korken sticht.

3. Dann soll das Kind die Scheibe so schwungvoll wie möglich drehen: Zu seiner großen Überraschung wird es nun Farben sehen!

4. Erklären Sie dem Kind, dass die Wissenschaftler erstaunlicherweise nicht verstehen, wieso nicht alle Menschen die gleichen Farben dabei sehen. Lassen Sie sich seine Eindrücke schildern.

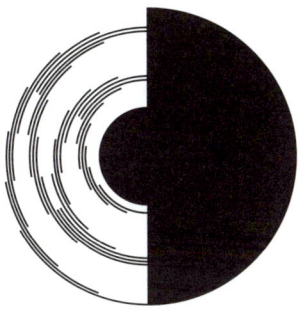

Erweiterung:

Schauen Sie sich mit dem Kind andere amüsante optische Täuschungen an.

Gefördertes Potenzial:

Beobachtungsgabe, Ausbildung der visuellen Wahrnehmung, Entwicklung einer verfeinerten Wahrnehmung und der Entdeckung von Nuancen, Kenntnisse von physikalischen Phänomenen

Mikado spielen

4 Jahre +   ⏰ 20 bis 30 Min.

Benötigt wird: ein Mikado-Spiel

Dieser Klassiker unter den Spielen ist immer noch aktuell und fördert die Entwicklung vor allem der Konzentrationsfähigkeit

des Kindes, aber auch die Beherrschung seiner Bewegungen und seine Geduld.

Ablauf:

1. Zeigen Sie dem Kind das Mikado-Spiel (wenn Sie keins haben, können Sie auch eines aus Schokolade kaufen – getreu dem alten Motto »Mit Speck fängt man Mäuse!«).

2. Übergeben Sie dem Kind das »Bündel«, damit es dieses loslassen kann und die Stäbchen durcheinanderfallen.

3. Erklären Sie dem Kind die Regeln, dann spielen Sie es reihum.

4. Am Ende des Spiels zählt das Kind die Stäbchen jedes Teilnehmers.

Erweiterung:

Der Abwechslung halber können Sie das Kind die Stäbchen nach Farben sortieren lassen.

Gefördertes Potenzial:

Förderung des Konzentrationsvermögens, Fleiß, Geduld, Durchführung und Beherrschung einzelner Handgriffe, Kontrollsinn

Mit geometrischen Formen spielen

  30 Min.

Benötigt wird: ein Tangram-Spiel, wenn Sie keines besitzen, ein selbst gebasteltes

–––––

Das Kind wird viel Spaß daran haben, mit den Formen zu spielen und sie zusammenzusetzen. Die Übung fördert zum einen seinen Sinn für Kreativität und zum anderen bereitet sie ganz subtil auf die Geometrie vor.

Ablauf:

1. Fordern Sie das Kind auf, die geometrischen Formen herauszunehmen und sie nach dem Zufallsprinzip auf den Tisch zu legen. Zeigen Sie ihm, wie man verschiedene Figuren bauen kann, indem man die Formen zusammensetzt.

2. Zeigen Sie dem Kind vor allem konkrete Beispiele, damit es inspiriert wird: Tiere, Häuser, verschiedene Gegenstände usw. Dann lassen Sie das Kind sich an das Spiel gewöhnen, es soll seiner Fantasie freien Lauf lassen. Wenn die Übung beendet ist, räumt das Kind die Formen wieder in die Schachtel.

Erweiterung:

Fotografieren Sie die schönsten Kreationen!

Gefördertes Potenzial:

Konzentrationsfähigkeit, Kreativität, visuelle Koordination, Vorbereitung auf die Geometrie, Entwicklung von logischem und mathematischem Denken

Pantomime spielen

  20 bis 30 Min.

Benötigt wird: kein besonderes Material erforderlich

––––––

Das Pantomimen-Spiel fördert spielerisch die Beobachtungs-gabe, die Koordination und die Kreativität des Kindes.

Ablauf:

1. Lassen Sie das Kind ein Thema wählen, z. B. »ein Gegen-stand« oder »eine Aktion«.
2. Erklären Sie dem Kind die Spielregel: Es gilt, das Wort zu erraten, das der andere, ohne etwas zu sagen, nur durch Gesten darstellt.
3. Beginnen Sie damit, dass das Kind Ihr Wort errät, damit es sieht, wie das Spiel funktioniert. Dann, wenn es so weit ist, können Sie die Rollen tauschen.
4. Nach und nach wird das Kind besser und einfallsreicher in seinen Gesten, wird immer ausdrucksstärker …

Erweiterung:

Wenn das Kind die Übung beherrscht, können Sie zur Vertie-fung immer konkretere oder abstraktere Themen wählen, so wie »Berufe« oder »Märchenfiguren«.

Gefördertes Potenzial:

Beobachtungsgabe, Kreativität, Koordination, Förderung des körperlichen Ausdrucks, Selbstsicherheit

Eine Zeitleiste realisieren

 **5 Jahre +**   1 Std. + 1 Std. Vorbereitung

Benötigt werden: so viele Fotos wie das Kind alt ist (idealerweise immer an seinem Geburtstag aufgenommen), große Blätter Kartonpapier, ein Bleistift und ein Radiergummi, Buntstifte, Kleber, Klebeband

––––––

Indem es seine eigene Zeitleiste erstellt, wird sich das Kind bewusst über die Veränderungen seines Körpers, Jahr für Jahr, und über die Zeit, die vergeht.

Ablauf:

1. Bereiten Sie die Übung vor, indem Sie Fotos des Kindes aus verschiedenen Jahren zusammenstellen, wobei Sie am besten ein Portrait pro Jahr auswählen, möglichst immer aus dem gleichen Blickwinkel, am Tag seines Geburtstages aufgenommen. Achten Sie darauf, dass die Bilder alle die gleiche Größe haben.

2. Je nach Alter des Kindes kann es selbst die Vorlage für die Zeitleiste basteln oder Sie machen das. Dazu schneiden Sie ein langes Band Papier von ungefähr 15 cm Höhe aus. Die Länge variiert gemäß dem Alter des Kindes und wird regelmäßig im Laufe der Jahre verlängert.

3. In der Mitte der Leiste ziehen Sie eine lange waagerechte Lebenslinie, die rechts mit einem Pfeil endet, um die Zukunft und die fortlaufende Zeit zu symbolisieren.

4. In regelmäßigen Abständen lassen Sie Platz für die Fotos, die aufgeklebt werden.

5. Schließlich muss nur noch unter jedes Feld das Alter des Kindes eingetragen werden: Geburt, 1 Jahr, 2 Jahre, 3 Jahre usw. Lassen Sie das Kind seine Farben auswählen.

6. Wenn die Vorlage fertig ist, zeigen Sie dem Kind die durcheinandergebrachten Fotos und lassen Sie es sie zuerst in die richtige chronologische Reihenfolge bringen. Helfen Sie ihm dabei, je nachdem, wie alt es ist.

7. Dann muss das Kind nur noch die Bilder richtig positionieren und in die vorgesehenen Felder kleben.

Erweiterung:

Das Kind kann diese Übung vertiefen, indem es auf der Zeitleiste unter jedes Jahr die wichtigen Ereignisse schreibt: Einschulung, Geburt des kleinen Bruders, Ferien im Ausland usw.

Gefördertes Potenzial:

Begreifen von Zeit, Sortieren, Verständnis der Dinge aus einer Gesamtsicht heraus, Dinge mit Abstand betrachten, Selbstachtung

Die Zusammensetzung von Lebensmitteln entdecken

 **5 Jahre +** 10 Min., regelmäßig

Benötigt werden: Etiketten oder Verpackungen von Lebensmitteln

– – – – –

Sie können Ihr Kind schon sehr früh dafür sensibilisieren, darauf zu achten, was sich auf seinem Teller befindet und wie es seine Lebensmittel auswählt, indem Sie es immer wieder ermuntern, auf die Zusammensetzung dessen zu schauen, was es zu sich nimmt.

Ablauf:

1. Schauen Sie sich zusammen mit dem Kind die Verpackung eines Lebensmittels an und zeigen Sie ihm das Feld mit der Liste der Zutaten.

2. Fordern Sie das Kind auf, die Zutaten einzeln zu betrachten, eine nach der anderen, und erklären Sie ihm, dass diese je nach der Menge aufgeführt werden, die im Rezept enthalten ist. So wird ein Lebensmittel, auf dessen Zutatenliste »Zucker« ganz oben steht, wahrscheinlich sehr viel davon enthalten.

3. Machen Sie das Kind vor allem auf den Unterschied zwischen natürlichen Zutaten und solchen aus industrieller oder chemischer Produktion aufmerksam. Machen Sie dem Kind klar, dass es sich bei einer kurzen Zutatenliste oft um ein naturbelassenes Lebensmittel handelt, wohingegen eine lange Liste auf ein stark bearbeitetes hindeutet.

4. Beantworten Sie alle Fragen des Kindes bezüglich der Zutaten, die es nicht kennt, besonders was Zusätze und Konservierungsmittel angeht.

Erweiterung:

Machen Sie dem Kind den Unterschied zwischen hausgemachten und industriell gefertigten Lebensmitteln klar, z. B. indem Sie einen Sandkuchen zubereiten und die Liste Ihrer Zutaten mit der Liste auf einem abgepackten Produkt vergleichen.

Gefördertes Potenzial:

Betrachten und Vergleichen von Unterschieden, Entwicklung des kritischen Denkens und eines unabhängigen Geistes, Dinge mit Abstand betrachten

Fingerabdrücke sammeln

 **6 Jahre +** 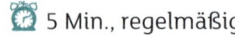 5 Min., regelmäßig

Benötigt werden: ein vom Kind ausgewähltes Heft, verschiedenfarbige Stempelkissen

––––––

Bei dieser Übung wird das Kind erkennen, dass jedes Individuum wirklich einzigartig ist ... es selbst natürlich auch!

Ablauf:

1. Schlagen Sie dem Kind vor, ihm zu zeigen, wie man einen Fingerabdruck erzeugt, indem man den Zeigefinger auf ein Stempelkissen und anschließend auf ein Blatt Papier drückt.

2. Lassen Sie das Kind ein hübsches Heft oder einen hübschen Notizblock auswählen, worin es die Fingerabdrücke von Menschen aus seiner Umgebung sammeln kann, angefangen mit seinem eigenen. Es kann die Farben variieren, um mehr Vielfalt zu erhalten.

3. Lassen Sie das Kind die Abdrücke vergleichen: Es wird nicht zwei identische geben ... Erklären Sie ihm nun, dass jeder Fingerabdruck einzigartig auf der Welt ist, nur zu einer Person gehörig.

Erweiterung:

Das Kind kann mit dieser Sammlung kreativ werden, indem es auf einem großen Blatt Papier einen Baum zeichnet und auf jedes Blatt den Fingerabdruck einer Person aus seiner Umgebung abbildet.

Gefördertes Potenzial:

Betrachten und Vergleichen von Unterschieden, Entwicklung einer verfeinerten Wahrnehmung und der Unterscheidung von

Nuancen, Entwicklung eines unabhängigen Geistes, Dinge mit Abstand betrachten, Kreativität

Einen Farbkreis malen

 **8 Jahre +** 🕑 2 bis 3 Std.

Benötigt werden: ein Blatt hochwertiges Zeichenpapier, Farbe (drei Primärfarben, Weiß), eine Palette zum Mischen, ein Pinsel, ein Topf, Wasser, ein Handtuch, ein Zirkel, ein Lineal, ein Radiergummi, ein Bleistift

———————

Diese Übung fordert vom Kind viel Geduld, Organisation und Genauigkeit, aber was für eine Befriedigung, wenn es seinen Farbkreis fertiggestellt hat: Es wird durch eigene Erfahrung die Mischung von Farben verstehen und die Primärfarben entdecken (Blau, Rot, Gelb), die Sekundärfarben (Violett, Orange, Grün) und Tertiärfarben (Rotviolett, Rotorange, Gelborange, Gelbgrün, Blaugrün, Blauviolett).

Ablauf:

1. Erklären Sie dem Kind den Farbkreis, der zeigt, wie die Farben miteinander in Verbindung stehen und wie viele Farben entstehen, indem man einfach die drei Primärfarben mit Weiß mischt. Zuerst soll es die drei Primärfarben malen, dann die Sekundär- und schließlich die Tertiärfarben.

2. Das Kind soll zuerst das Schema zeichnen, indem es mit Zirkel und Bleistift einen Kreis mit einem Radius von etwa 9 cm zeichnet. Dann teilt es den Kreis mit dem Zirkel in zwölf gleiche Teile ein und zeichnet mit dem Bleistift den entsprechenden Radius ein.

3. Nun markiert es jeden Zentimeter auf den Radiusstrahlen und zeichnet acht konzentrische Kreise im Inneren des Kreises, die nach innen immer kleiner werden. Der Farbkreis ist fertig und kann bemalt werden.

4. Begonnen wird mit einer der Primärfarben (Blau, Rot, Gelb), die auf den äußersten Rand einer der Strahlen gemalt wird. Dann wird die Farbe mit ein wenig Weiß aufgehellt und in das nächste Feld hin zum Inneren des Kreises gemalt. Diese Farbe wieder mit ein wenig Weiß aufhellen und das dritte Feld bemalen usw. Bis zum achten Feld, das fast weiß ist mit einem winzigen Anteil der Primärfarbe. Das neunte Feld ist komplett weiß.

5. Dann wird die zweite Primärfarbe vier Radiusstrahlen weiter aufgetragen und in der gleichen Weise bis zum kompletten Weiß aufgehellt. Ebenso die dritte Primärfarbe. Dann wird eine Mischung zu gleichen Teilen von zwei Primärfarben angelegt, in großer Menge, um genügend für den weiteren Verlauf zu haben. Diese Sekundärfarbe wird nun zwischen die beiden entsprechenden Primärfarben aufgemalt. Dann wird sie wieder bis zum Weiß aufgehellt. Ebenso wird mit den zwei anderen Sekundärfarben verfahren.

6. Schließlich werden die Tertiärfarben vorbereitet, indem man zu gleichen Teilen eine Primärfarbe und eine Sekundärfarbe mischt, die man zuvor in ausreichender Menge angemischt hat. Das ergibt sechs verschiedene Kombinationen, die wieder bis zum Weiß aufgehellt werden.

Erweiterung:

Erklären Sie dem Kind anhand seines Farbkreises den Unterschied zwischen warmen und kalten Farben.

Gefördertes Potenzial:

Geduld, Farbenlehre, Vorbereitung auf die Geometrie, Organisationssinn, Öffnung für die Kunst

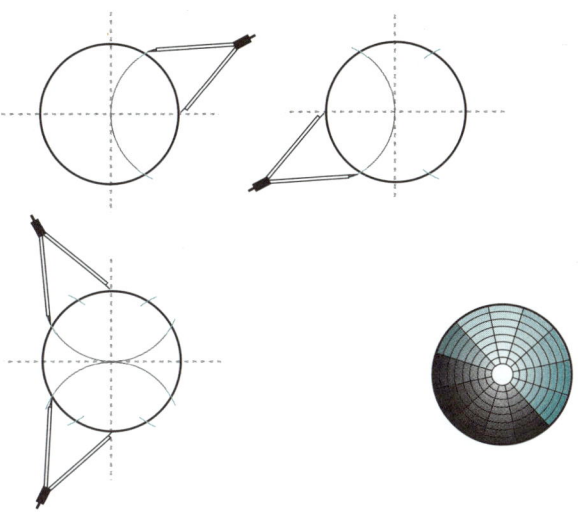

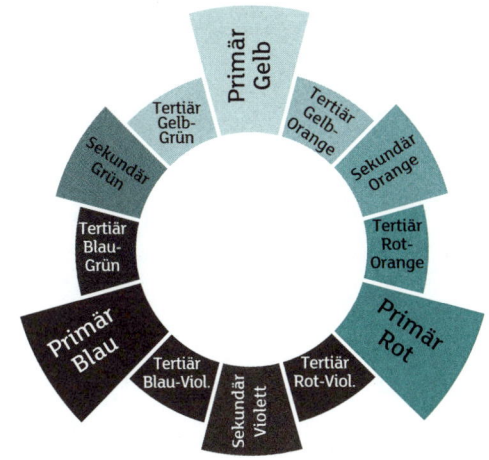

Kapitel 4

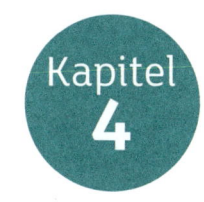

Entdeckung des Alltagslebens

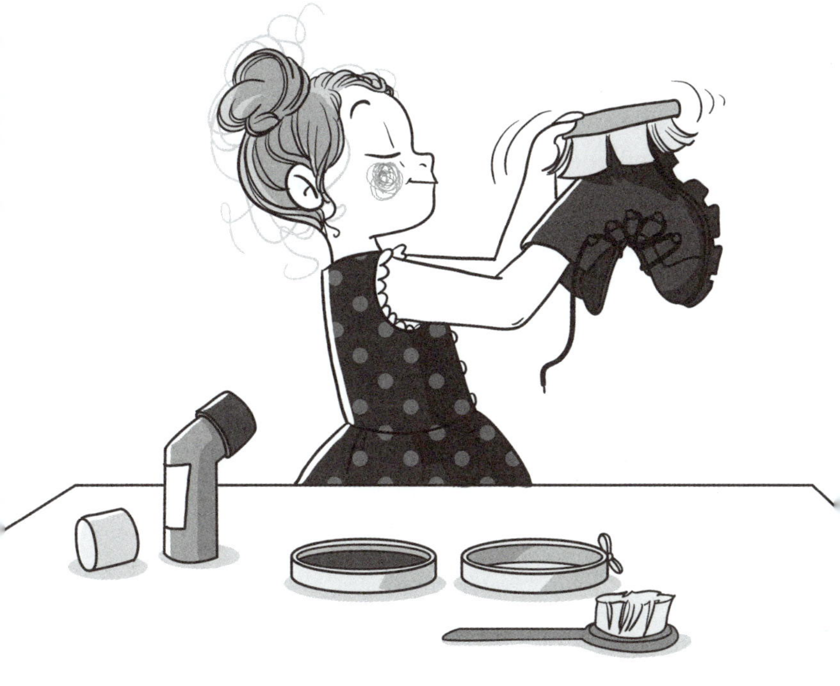

Den Tisch decken

 **2 Jahre +** ⏲ 10 Min.

Benötigt werden: Geschirr, das für das Kind erreichbar ist, ein Tisch

-----

Indem das Kind lernt, wie man einen Tisch deckt, entwickelt es sowohl Gemeinschaftssinn als auch Unabhängigkeit und lernt, am alltäglichen Geschehen im Haus teilzunehmen sowie gleichzeitig seine Handlungen zu koordinieren.

Ablauf:

1. Um das Kind zur Unabhängigkeit zu erziehen, ist es natürlich wichtig, die Dinge in seiner Reichweite zu platzieren. Wie soll es den Tisch decken, wenn die Gläser in einem Schrank auf der Höhe eines Erwachsenen stehen? Beginnen Sie also damit, Ihre allgemeine Organisation zu überdenken und einige Veränderungen vorzunehmen. Für Sie ist es einfacher, sich im Alltag mal zu bücken, als für das Kind, zwei Meter hoch zu springen …

2. Fordern Sie das Kind auf, den Tisch zu decken, und appellieren Sie an sein Gedächtnis: Was stellt man normalerweise auf den Tisch? Das Kind stellt nun sorgfältig jedes Element an seinen Platz.

3. Lassen Sie das Kind das Geschirr auswählen. Haben Sie Vertrauen zu ihm, geben Sie ihm auch zerbrechliches Geschirr, es wird sehr vorsichtig damit umgehen.

4. Wenn das Kind etwas vergessen hat, sagen Sie nichts: Das wird es selbst im Laufe des Essens merken und korrigieren.

Erweiterung:

Das ist die ideale Gelegenheit, das Kind darauf vorzubereiten, den Tisch nach dem Essen auch wieder abzuräumen …

Gefördertes Potenzial:

den einzelnen Schritten der Übung folgen, Sinn für Selbstständigkeit und Unabhängigkeit, Entwicklung seines Sauberkeitsgefühls, Organisationssinn, Gemeinschaftssinn

Das Besteck sortieren

2 Jahre +    10 bis 15 Min.

Benötigt werden: sauberes Besteck, eine Besteckschublade

— — — — —

Schon in ganz jungem Alter hat ein Kind großen Spaß daran, aktiv am häuslichen Leben teilzunehmen. Indem es selbst lernt, Besteck einzuräumen, entwickelt es Kompetenzen wie Beobachten, Sortieren, Selbstständigkeit, aber auch nach und nach Gemeinschaftssinn.

Ablauf:

1. Zuerst vergewissern Sie sich, dass der Korb keine scharfen Gegenstände enthält und dass die Besteckschublade für das Kind erreichbar ist. Wenn nötig, ändern Sie ein wenig die Anordnung im Haus, um alles auf Höhe des Kindes zu haben – so wird es selbstständig.

2. Erklären Sie dem Kind die Übung, indem Sie ihm einen Korb mit sauberem Besteck geben, das eingeräumt werden muss. Dabei erläutern Sie ihm auch die Funktion der einzelnen Sachen. Zeigen Sie dem Kind genau, in welche Fächer die kleinen und großen Löffel kommen, die Messer und Gabeln.

3. Dann lassen Sie das Kind machen, ganz in seinem Rhythmus. Es soll sich so viel Zeit nehmen wie nötig.

Erweiterung:

Die logische Fortsetzung ist natürlich, den Tisch decken zu lernen … (siehe Übung auf S. 208).

Gefördertes Potenzial:

Sortieren, Fleiß, Durchführung und Beherrschung einzelner Handgriffe, Organisationssinn, Gemeinschaftssinn

Wasser einfüllen

 2 Jahre +  20 Min.

Benötigt werden: ein Tablett mit zwei Krügen Wasser (einer mit Wasser gefüllt, einer leer), ein Schwamm, eine Wachstischdecke und ein Stück Küchenpapier oder ein Küchenhandtuch

– – – – –

Das Kind wird großen Spaß dabei haben, das Wasser von einem Krug in den anderen zu füllen. Dabei lernt es, seine Handgriffe richtig zu dosieren und sie immer besser zu beherrschen sowie seine Bewegungen zu koordinieren.

Ablauf:

1. Stellen Sie das Tablett auf den Tisch mit der Wachstischdecke. Legen Sie das Küchenpapier daneben und stellen Sie die Krüge auf die Tischdecke.

2. Vergewissern Sie sich, dass der Krug mit Wasser gefüllt ist und sich neben der dominanten Hand des Kindes befindet. Die Henkel des Krugs sind nach außen gedreht. Legen Sie den Schwamm zwischen die Krüge.

3. Nehmen Sie den Wasserkrug in die dominante Hand.

4. Füllen Sie das Wasser von einem Krug in den anderen, wobei Sie darauf achten, dass die beiden Krüge sich nicht berühren.

5. Nehmen Sie den Schwamm mit der nicht-dominanten Hand und nehmen Sie den Tropfen Wasser am Ausguss des Kruges auf, bevor Sie ihn wieder hinstellen.

6. Stellen Sie den Krug hin und verändern Sie die Position der Krüge.

7. Fordern Sie das Kind auf, selbst die Übung zu machen, ganz nach seinem Rhythmus und so oft, wie es will.

Erweiterung:

Das Kind das Wasser in mehrere verschiedene Gefäße füllen lassen: Gläser, Schalen usw.

Gefördertes Potenzial:

Feinmotorik, Entwicklung der Konzentrationsfähigkeit und Unabhängigkeit, Verfeinerung der Bewegungen der Handmuskeln, der Finger und der motorischen Kontrolle

Körner oder Hülsenfrüchte umfüllen

 2 Jahre +    20 bis 30 Min.

Benötigt werden: zwei identische Schalen, Körner oder Hülsenfrüchte, eine Kelle, ein großer Löffel, ein kleiner Löffel

— — — — —

Mit dieser Übung, die dem Kind große Konzentration und Genauigkeit abverlangt, wird es spielerisch seine Feinmotorik weiterentwickeln.

Ablauf:

1. Laden Sie das Kind zu dieser Übung ein, indem Sie zwei Schalen vor es hinstellen: Die linke ist mit Körnern oder Hülsenfrüchten gefüllt (z. B. Kichererbsen), die rechte ist leer.

2. Geben Sie dem Kind eine Kelle und zeigen Sie ihm, wie es damit die Erbsen aus der linken Schale in die rechte umfüllen kann.

3. Wenn das Kind die Übung verstanden hat, können Sie es sie wiederholen lassen, diesmal mit einem großen Löffel.

4. Dann kann das Kind, wenn es möchte, die Übung mit einem kleinen Löffel wiederholen.

5. Variieren Sie die Übung, indem Sie immer kleinere Körner oder Hülsenfrüchte nehmen und gehen Sie z. B. von Kichererbsen auf Linsen über.

Erweiterung:

Wenn das Kind die Übung beherrscht, schlagen Sie ihm vor, Ihnen beim Kochen zu helfen. So kann es z. B. mehrere Kellen Hörnchennudeln umfüllen und so die Entstehung des Nudelauflaufs für das Abendessen sehen!

Gefördertes Potenzial:

Feinmotorik, das Kind wird zu mehr Unabhängigkeit animiert, Entwicklung des Konzentrationsvermögens, Verfeinerung der Bewegungen der Handmuskeln und der Finger

Zuschrauben und aufschrauben

 **2 Jahre +** ⏰ 20 bis 30 Min.

Benötigt werden: das Schraubbrett von Montessori oder ein von Ihnen gebasteltes Spiel, das diesem nachempfunden ist: Schrauben, Bolzen, Muttern, Schraubenzieher

— — — — —

Das Kind wird großen Spaß dabei haben, auf- und zuzuschrauben. Dieses auf den ersten Blick banale Spiel fördert die Genauigkeit und ebenso die Koordination, Selbstständigkeit und Konzentration des Kindes.

Ablauf:

1. Zeigen Sie dem Kind das Montessori-Schraubbrett oder ein entsprechendes selbst gebasteltes. Dazu brauchen Sie sieben Schrauben und Gegenmuttern in verschiedenen Größen. Wenn Sie handwerklich begabt sind, können Sie die sieben Schrauben vertikal auf ein Brett kleben oder, noch besser, Sie bohren sieben verschieden große Löcher in der Größe der Schrauben in das Brett.

2. Lassen Sie das Kind in seinem Rhythmus mit dem Spiel beginnen, das selbstkorrigierend ist, da die Größe der Schrauben, Gegenmuttern und Bohrlöcher jeweils für sich spricht.

3. Dann schlagen Sie dem Kind Schraubübungen vor, die den Gebrauch des Schraubenziehers erfordern.

Erweiterung:

Wenn das Kind ein bisschen größer ist, können Sie es üben lassen, kleine Schmuckverschlüsse auf- und zuzuschrauben. Das fördert sowohl seinen Sinn für Gründlichkeit als auch seine Präzision.

Gefördertes Potenzial:

Feinmotorik, Entwicklung der Konzentrationsfähigkeit, Verfeinerung der Bewegungen der Handmuskeln, der Finger, das Kind selbstständiger werden lassen

Entkernen

 2 Jahre +  20 bis 30 Min.

Benötigt werden: einige Früchte zum Entkernen (Kirschen, Aprikosen, Oliven), zwei identische Schalen

––––––

Durch die wiederholte und gleichmäßige Tätigkeit des Entkernens von Früchten perfektioniert das Kind seine Bewegungen und lernt Geduld, Fleiß und Präzision.

Ablauf:

1. Lassen Sie das Kind einige Früchte entkernen. Passen Sie die Menge und Größe dem Alter des Kindes an (von Aprikosen über Kirschen zu Oliven).
2. Stellen Sie dem Kind die Schale mit den Früchten links und eine leere Schale rechts hin. Zeigen Sie ihm, wie es vorgehen soll, und lassen Sie es das Ganze nachmachen.
3. Nach und nach wird das Kind seine Bewegungen verfeinern und immer sorgfältiger und präziser arbeiten.

Erweiterung:

Wenn das Kind die Übung beherrscht, können Sie das Kind auch Erbsen enthülsen lassen.

Gefördertes Potenzial:

Entwicklung des Konzentrationsvermögens, Genauigkeit, Fleiß, Geduld, Durchführung und Beherrschung einzelner Handgriffe

Sortieren lernen

2 Jahre +  20 bis 30 Min.

Benötigt werden: Nudeln in drei verschiedenen Farben, vier identische Schalen

———————

Sortierübungen sind sehr lehrreich für das Kind, denn sie erfordern viel Konzentration und bereiten wie nebenbei auf logisches und mathematisches Denken vor.

Ablauf:

1. Zeigen Sie dem Kind eine Schale mit Nudeln in drei verschiedenen Farben, alle durcheinander.

2. Stellen Sie vor das Kind drei leere Schalen und schlagen Sie ihm vor, die Nudeln nach Farbe zu sortieren und auf die Schalen zu verteilen.

3. Das Kind kann die Übung so lange wiederholen, wie es mag.

Erweiterung:

Zur Vertiefung können Sie den Schwierigkeitsgrad erhöhen, indem Sie drei Sorten Reis sortieren lassen. Sie können den Reis selbst färben, indem Sie ihn mit Lebensmittelfarbe und Essig vermengen und dann trocknen lassen. Oder Sie kaufen direkt verschiedenfarbige Reissorten: Safranreis, weißen Reis, schwarzen oder roten Reis.

Gefördertes Potenzial:

Förderung der Konzentrationsfähigkeit, Betrachten und Vergleichen von Unterschieden, Sortieren, Fleiß, Feinmotorik

Von ganz klein bis ganz groß sortieren

2 Jahre +  20 bis 30 Min.

Benötigt werden: Pappschachteln oder Plastikdosen (Tupperware), die ineinander stapelbar sind

––––––

Indem das Kind mit den Schachteln oder Dosen spielt, lernt es mehrere interessante Begriffe: drinnen/draußen, stapeln, räumen, aneinanderreihen, Innenseite/Außenseite, gruppieren, klein/groß usw.

Ablauf:

1. Zeigen Sie dem Kind die ineinander gestapelten Schachteln.
2. Nehmen Sie vor seinen Augen eine nach der anderen heraus und reihen Sie sie der Größe nach auf.
3. Setzen Sie die Schachteln wieder zusammen und lassen Sie nun das Kind die Übung machen.
4. Bringen Sie die Schachteln durcheinander und fordern Sie das Kind auf, sie wieder zu sortieren.
5. Dann kann das Kind die Übung in seinem Rhythmus so lange wiederholen, wie es will.

Erweiterung:

Wenn das Kind die Übung gut beherrscht, wird es mit Freude auch russische Puppen auseinandernehmen und zusammensetzen.

Gefördertes Potenzial:

Beobachtungsgabe, Betrachten und Vergleichen von Unterschieden, Sortieren, Entwicklung von logischem und mathematischem Denken

Dosen öffnen und schließen

  20 bis 30 Min.

Benötigt werden: verschieden große Dosen, idealerweise mit verschiedenen Schließmechanismen

———

Für ein sehr kleines Kind ist das Öffnen und Schließen von Dosen ein großes Abenteuer! Es wird mit viel Vergnügen immer wieder den gleichen Handgriff ausführen und den für die jeweilige Dose passenden Deckel suchen …

Ablauf:

1. Stellen Sie mehrere Dosen mit verschiedenen Deckeln und Verschlüssen auf ein Tablett: eine, die verschraubt wird, eine, die aufgeclipst wird, eine mit einer Klappe usw.

2. Zeigen Sie dem Kind die erste Dose und öffnen Sie den Verschluss mit der dominanten Hand, die andere hält die Dose. Stellen Sie die Dose links auf den Tisch.

3. Öffnen Sie die Dose und lassen Sie das Kind hineinschauen (Sie können Überraschungen hineinfüllen und die Gegenstände benennen). Schließen Sie die Dose wieder.

4. Stellen Sie die Dose zur Seite, lassen Sie sie dabei von links nach rechts auf dem Tisch gleiten.

5. Nehmen Sie eine andere Dose und fordern Sie das Kind auf, sie nun selbst zu öffnen und wieder zu verschließen.

6. Wenn die Übung beendet ist, stellt das Kind die Dosen wieder auf das Tablett.

Erweiterung:

Das Kind wird Spaß daran haben, wenn Sie die Verschlüsse durcheinanderbringen und es die jeweils richtige Dose dazu suchen darf.

Gefördertes Potenzial:

Entwicklung der Beobachtungsgabe und der Unabhängigkeit, Betrachten und Vergleichen von Unterschieden, Fleiß, Entwicklung der kleinen Handmuskeln

Brötchen backen

 **2 Jahre +** 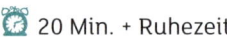 20 Min. + Ruhezeit

Benötigt werden: 500 g Mehl, 10 g Bäckerhefe, 30 cl Wasser, 10 Prisen Salz, ein Backofen

— — — — —

Das Kind wird bei dieser althergebrachten Tätigkeit viel Spaß haben.

Ablauf:

1. Lassen Sie das Kind den Teig zubereiten: Zuerst löst es die Hefe mit ein wenig lauwarmem Wasser auf. Dann vermischt es Mehl und Salz und drückt eine Vertiefung in die Mitte, in die es die Hefe und das restliche Wasser schüttet.

2. Nun soll das Kind den Teig verkneten, um eine weiche Konsistenz zu erhalten. Der Teig muss lange weitergeknetet werden (5 bis 7 Minuten), um schön elastisch und geschmeidig zu werden.

3. Dann wird der Teig in eine Schüssel gelegt, die mit einem Küchenhandtuch abgedeckt wird. Der Teig soll mindestens eine halbe Stunde gehen.

4. Der Teig hat sich verdoppelt, nun muss er noch einmal kurz durchgeknetet werden, damit die Luft entweicht.

5. Dann soll das Kind Kugeln in der Größe eines Tennisballs aus dem Teig formen. Diese müssen nochmal eine halbe Stunde ruhen, bevor sie in den Ofen gehen.

6. Nun mit einem Pinsel Wasser auf die Kugeln streichen und sie im vorgeheizten Ofen backen (240 °C), 12 bis 15 Minuten. Schließlich müssen die Brötchen nur noch abkühlen und verkostet werden!

Erweiterung:

Öffnen Sie dem Kind die Augen für die Welt, indem Sie ihm erklären, wie wichtig Brot (und seine unzähligen Varianten, je nach Land) in vielen Kulturen als Grundnahrungsmittel ist. Bei anderen Gelegenheiten lassen Sie das Kind Bagel, Blätterteigröllchen, Tortillas, Teigtaschen usw. zubereiten.

Gefördertes Potenzial:

Selbstvertrauen und -achtung, eine Aufgabe von Anfang bis Ende erfüllen, Ausbildung des Geschmackssinns, Durchführung und Beherrschung einzelner Handgriffe

Kuchen backen

2 Jahre +  30 bis 40 Min.

Benötigt werden: Rezept für den Lieblingskuchen des Kindes und alle dafür notwendigen Zutaten

— — — — —

Einen Kuchen backen ist mit allen erforderlichen Arbeitsschritten eine sehr komplexe Übung für das Kind, die verschiedene Fähigkeiten stärkt.

Ablauf:

1. Suchen Sie für das Kind alle Zutaten und das Material zusammen. Hier das einfache und idiotensichere Rezept für einen köstlichen Schokoladenkuchen:

   – 200 g Schokolade und 100 g Butter schmelzen lassen.

   – 6 Eier trennen. Das Eiweiß zu steifem Schnee schlagen. Das Eigelb mit 125 g Zucker vermengen. Das Eiweiß dazugeben.

   – Die geschmolzene Schokolade und Butter hinzufügen. 40 g Mehl hinzugeben.

   – Eine Kuchenform einfetten, den Teig einfüllen und bei 200 °C 25–40 Minuten backen.

2. Je nach Alter des Kindes lassen Sie ihm völlige Freiheit oder leiten es an. Wenn es noch sehr jung ist, kann es schon die Kuchenform einfetten, mit dem Schneebesen rühren, später dann die Eier aufschlagen usw. Dann, nach und nach, lernt es, dem Rezept Punkt für Punkt zu folgen: jede Zutat wiegen oder abmessen, aufpassen, um keine Flecken zu machen, usw.

3. Und dann: Guten Appetit!

Erweiterung:

Wenn Sie den Kuchen anschneiden, nutzen Sie die Gelegenheit, das Thema »Bruchteile« zu wiederholen und einige Begriffe der Geometrie zu vertiefen ...

Gefördertes Potenzial:

Den einzelnen Schritten einer Aktivität folgen, Messen, Sinn für Eigenständigkeit, Selbstachtung, Gemeinschaftssinn und Organisation

Ein Tablett tragen

2,5 Jahre +   ⏲ 10 bis 20 Min.

Benötigt werden: ein Tablett (idealerweise in einer Größe für Kinder, mit Griffen), zu transportierendes Geschirr, ein Glas Wasser

––––––

Das Kind wird sehr gerne alleine ein Tablett tragen, das verschafft ihm ein schönes Gefühl von Unabhängigkeit und Selbstachtung.

Ablauf:

1. Zeigen Sie dem Kind ein Tablett, leer zuerst, und fordern Sie es auf, es von A nach B in einem Zimmer zu tragen. Zeigen Sie ihm vor allem, wie man es schön waagerecht hält.
2. Das Kind darf es nun selbst ausprobieren.
3. Beim zweiten Mal stellen Sie ein paar Sachen auf das Tablett, z. B. einen Teller und Besteck. Das Kind geht wieder den gleichen Weg und passt auf, dass dabei nichts umkippt.
4. Im folgenden Schritt stellen Sie ein Glas Wasser dazu und fordern das Kind auf, einige Meter damit zu gehen.
5. Lassen Sie das Kind alleine nach seinem Rhythmus üben und stellen Sie so viele Gegenstände, wie es will, auf das Tablett.

Erweiterung:

Wenn das Kind die Übung gut beherrscht, wird es Spaß daran haben, sich ein kleines Tablett für einen Imbiss vorzubereiten oder die Vorspeise für die ganze Familie!

Gefördertes Potenzial:

Kontrollsinn und Gleichgewicht, Sinn für Unabhängigkeit und Selbstständigkeit, Entwicklung des Konzentrationsvermögens, Fleiß, Durchführung und Beherrschung einzelner Handgriffe

Mit Wäscheklammern spielen

2,5 Jahre +  15 bis 20 Min.

Benötigt werden: fünf Wäscheklammern, ein Stück festes Papier (z. B. eine Postkarte), ein Korb oder ein Tablett

—————

Ganz kleine Kinder haben großen Spaß daran, mit Wäscheklammern zu spielen. Und indem das Kind den sogenannten Pinzettengriff mit Daumen und Zeigefinger entwickelt, bereitet es sich schon langsam auf das Schreiben vor.

Ablauf:

1. Zeigen Sie dem Kind den Korb mit den Wäscheklammern und die Postkarte.

2. Zu Beginn demonstrieren Sie dem Kind, wie man mit einer Wäscheklammer hantiert, indem man mit Daumen und Zeigefinger auf die äußeren Enden drückt, bis sie zusammengehen.

3. Klammern Sie eine Wäscheklammer auf den Rand der Postkarte.

4. Nun ist das Kind dran. Es soll mit jeder Wäscheklammer spielen und sie an die Postkarte klammern.

5. Schließlich können Sie das Kind auffordern, die Wäscheklammern nach Farbe zu sortieren oder abwechselnd an die Karte zu klammern.

Erweiterung:

Wenn das Kind die Übung gut beherrscht, schlagen Sie ihm vor, fünf verschiedenfarbige Becher mit Wäscheklammern der gleichen Farbe zu füllen.

Gefördertes Potenzial:

Feinmotorik, größere Unabhängigkeit, Entwicklung der Konzentrationsfähigkeit, Verfeinerung der Bewegung der Handmuskeln und Finger

Fegen

 **2,5 Jahre +** ⏰ 15 bis 20 Min.

Benötigt werden: Kreide (oder, wenn Sie keine haben, Maler-Klebeband), Sägemehl oder Körner, ein Besen, ein Handfeger, ein Kehrblech

— — — — —

So alltäglich sie sein mag, diese Übung fördert zahlreiche Fähigkeiten beim Kind: Konzentration, Koordination der Bewegungen, Präzision, Sauberkeitssinn, Gemeinschaftssinn …

Ablauf:

1. Bereiten Sie einen Bereich vor, der mit Kreide abgegrenzt ist (oder mit Klebeband), in dem das Sägemehl oder die Körner ausgestreut werden, die zusammengefegt werden sollen. So hat das Kind ein festes Ziel und kann sich nicht verzetteln.

2. Zeigen Sie dem Kind genau, wie man den Besen hält, und fordern Sie es auf, das Sägemehl oder die Körner im Inneren des Kreidekreises zusammenzukehren.

3. Wenn es alles zusammengekehrt hat, nimmt es alles mit Handfeger und Kehrblech auf.

Erweiterung:

Wenn das Kind fertig ist, können Sie die Übung vertiefen, indem Sie zwei verschiedene Arten von Körnern ausstreuen, jede Art in einer abgegrenzten Zone. Das Kind bekommt die Aufgabe, sie zusammenzukehren, wobei es die Körner schön getrennt hält, beide in ihrer Zone.

Gefördertes Potenzial:

Entwicklung des Konzentrationsvermögens, der Unabhängigkeit, der Selbstständigkeit, Durchführung und Beherrschung einzelner Handgriffe, Entwicklung des Sauberkeitssinns, Gemeinschaftssinn

Eine Nuss knacken

2,5 Jahre +   ⏰ 15 bis 20 Min.

Benötigt werden: ein Nussknacker, zwei Schalen,
Walnüsse mit Schale

Walnüsse knacken und von der Schale befreien, das ist etwas, was uns eher banal erscheint … Und doch, was ist es für eine Entdeckung für das Kind, das so auch lernt, seine Kraft einzuteilen, seine Handgriffe zu präzisieren und mit Daumen und Zeigefinger zu greifen. So bereitet es sich indirekt auf das Schreiben vor.

Ablauf:

1. Lassen Sie das Kind die Walnüsse vorbereiten.
2. Zu Beginn zeigen Sie dem Kind, wie man mit dem Nussknacker umgeht (wenn möglich, ohne die Schale im ganzen Zimmer zu verteilen …)

3. Dann, wenn die Schale geknackt ist, zeigen Sie ihm den Unterschied zwischen den Kernen, der inneren Membran und den Schalenstückchen. Bringen Sie ihm bei, sie zu sortieren, die Kerne in eine Schüssel zu legen, ganz oder in Stücken, und in die andere Schüssel den Rest.

4. Lassen Sie das Kind die Übung alleine fortführen, so lange es will.

Erweiterung:

Wenn das Kind die Übung gut beherrscht, kann es zu anderen, kleineren Früchten übergehen, z. B. zu Haselnüssen.

Gefördertes Potenzial:

Fleiß, Geduld, Durchführung und Beherrschung einzelner Handgriffe, Koordination, Sortieren

Dinge mit einer Zange aufnehmen

 **2,5 Jahre +**   ⏰ 20 bis 30 Min.

Benötigt werden: eine Zange (was Sie so im Haus haben: Gurkenzange, Zuckerzange, Nudelzange …), eine Muffinform, Walnüsse, Haselnüsse oder Kichererbsen

- - - - -

Etwas mit einer Zange aufnehmen macht dem Kind großen Spaß und ist zudem eine interessante Herausforderung, denn es fördert das Greifen mit Daumen und Zeigefinger und bereitet langsam auf das Schreiben vor.

Ablauf:

1. Zeigen Sie dem Kind, wie die Übung funktioniert, indem Sie den Umgang mit der Zange vorführen und wie man all die kleinen Dinge damit fassen kann, die Sie vorbereitet haben: Walnüsse, Haselnüsse, Kichererbsen …

2. Geben Sie dem Kind eine Aufgabe: In jede Vertiefung der Muffinform eine Nuss oder Erbse legen.

3. Dann lassen Sie das Kind alleine hantieren und sich an die Übung gewöhnen, so lange es will.

4. Nach und nach können Sie ihm immer kleinere Objekte zeigen, die es aufnehmen und verteilen soll.

Erweiterung:

Um die Feinmotorik des Kindes weiter zu verbessern, können Sie die Übung vertiefen, indem Sie dem Kind eine Pinzette oder chinesische Essstäbchen an die Hand geben.

Gefördertes Potenzial:

Feinmotorik, größere Unabhängigkeit, Entwicklung der Konzentrationsfähigkeit, Verfeinerung der Bewegung der Handmuskeln und Finger

Öffnen und Schließen von Vorhängeschlössern

 **2,5 Jahre +**  20 bis 30 Min.

Benötigt werden: ein Tablett mit einem kleinen Handtuch, ein Korb mit drei verschieden großen Vorhängeschlössern und den passenden Schlüsseln

－－－－－

Mit dem Öffnen und Schließen von Vorhängeschlössern kann das Kind seine Handmotorik verfeinern und mehr Kontrolle darüber gewinnen, außerdem fördert es die Beobachtungsgabe und Konzentration.

Ablauf:

1. Zeigen Sie dem Kind die Übung, indem Sie die Vorhängeschlösser auf ein Tablett legen. Der Korb steht dabei hinter dem Tablett.

2. Führen Sie dem Kind die Übung vor: Nehmen Sie einen Schlüssel und versuchen Sie, ein Schloss damit zu öffnen. Probieren Sie alle Schlüssel durch, nur einer wird das Schloss öffnen. Einmal geöffnet legen Sie das Schloss zurück auf das Tablett.

3. Fordern Sie das Kind auf, nun selbst die Übung fortzuführen.

4. Wenn die Übung beendet ist, soll das Kind die Schlösser wieder zuschließen und alles in den Korb legen.

Erweiterung:

Wenn das Kind die Übung gut verstanden hat, können Sie ihm andere Schlösser präsentieren, z. B. mit Zahlenkombinationen statt eines Schlüssels.

Gefördertes Potenzial:

Feinmotorik, Entwicklung der Konzentrationsfähigkeit, Verfeinerung der Bewegung der Handmuskeln und Finger, größere Unabhängigkeit und Befolgung der Handgriffe der Übung in der richtigen Reihenfolge

Perlen aufziehen und Ketten basteln

2,5 Jahre +   20 bis 30 Min.

Benötigt werden: ein Tablett mit verschiedenen Perlen und einer Kordel, Schnürsenkel oder steife Schnur

---

Dies ist eine recht klassische Übung, aber abgesehen von dem Spaß, die sie dem Kind bereitet, fördert sie nebenbei zahlreiche Fähigkeiten!

Ablauf:

1. Zeigen Sie dem Kind das Material. Je nach Alter haben Sie große Holzperlen mit großen Löchern oder feine Glasperlen ausgewählt.

2. Zeigen Sie dem Kind, wie es vorgehen soll: Legen Sie die Kordel von rechts nach links und nehmen Sie eine Perle mit der dominanten Hand. Dann nehmen Sie das Ende der Kordel mit der nicht-dominanten Hand.

3. Fädeln Sie die Kordel in das Loch der Perle ein, wobei das Handgelenk auf dem Tisch bleibt.

4. Lassen Sie die Perle langsam von rechts nach links gleiten, dann machen Sie das Gleiche mit den anderen Perlen.

5. Lassen Sie nun das Kind die Übung machen, so lange es will.

6. Wenn das Kind mit der Arbeit fertig ist, kann es natürlich die Kette auch tragen. Sicherer ist es, die Ketten ausschließlich zur Dekoration von Haus oder Garten zu verwenden.

Erweiterung:

Das Kind wird großen Spaß daran haben, wunderbare Ketten für Freunde und Verwandte zu kreieren!

Gefördertes Potenzial:

Feinmotorik, Entwicklung der Konzentrationsfähigkeit, Entwicklung der kleinen Handmuskeln, Ausdauer

Sich anziehen

2,5 Jahre  30 bis 40 Min.

Benötigt werden: Montessori-Kleidungsrahmen, wenn Sie welche besitzen, oder Kleidungsstücke mit verschiedenen Öffnungs- und Schließmechanismen (Klettverschlüsse, Reißverschlüsse, Druckknöpfe, Schnürverschlüsse, normale Knöpfe usw.)

————

Es ist ein großer Schritt für das Kind, wenn es lernt, sich selbst anzuziehen, und die Verschlüsse bei Kleidungsstücken sind oft nicht einfach zu handhaben. Darum hat Maria Montessori die Kleidungsrahmen entwickelt, damit das Kind in seinem Rhythmus üben kann. Lassen Sie sich davon inspirieren, um diese Pädagogik auch zu Hause anzuwenden.

Ablauf:

1. Zeigen Sie dem Kind die Kleidungsrahmen, wenn Sie welche haben. Wenn nicht, dann nehmen Sie Kleidungsstücke mit verschiedenen Verschlussarten (Pullover mit Reißverschluss, Jacke mit Druckknöpfen, Hemd mit Klettverschluss, Bluse mit Knöpfen usw.), die Sie flach vor es hinlegen.
2. Beginnen Sie die Übung von oben nach unten und von links nach rechts, lassen Sie sich Zeit dabei.
3. Dann fordern Sie das Kind auf, es Ihnen nachzumachen.
4. Sobald das Kind mit den Verschlüssen gut zurechtkommt, können Sie ihm noch andere Verschlüsse zeigen.

Erweiterung:

Um die Übung zu vertiefen, ziehen Sie das Kleidungsstück an und lassen Sie das Kind den Verschluss zumachen. Danach soll es selbst das Kleidungsstück anziehen und schließen.

Gefördertes Potenzial:

Feinmotorik, Entwicklung der Konzentrationsfähigkeit, Förderung der kleinen Handmuskeln, eine Reihenfolge befolgen, Unabhängigkeit

Kekse ausstechen

2,5 Jahre +   🕑 30 bis 40 Min.

Benötigt werden: ein Mürbeteig, ein Nudelholz, eine saubere und bemehlte Arbeitsfläche, Ausstechformen in verschiedenen Formen, ein mit Backpapier belegtes Backblech, eventuell Kuchendekoration (Schokoladentropfen, Zuckerperlen usw.), ein Eigelb und ein Pinsel oder ein Blatt Küchenpapier

Was für ein Vergnügen, selber Kekse zu backen!

Ablauf:

1. Je nach Alter des Kindes bereitet das Kind selbst einen Mürbeteig vor oder Sie machen das. Zeigen Sie dem Kind, wie man die Arbeitsfläche bemehlt und wie man die Backrolle verwendet. Das Kind soll nun den Teig ausrollen. Dann kann es die erste Ausstechform benutzen.

   Anmerkung: Es ist einfacher, mit ganz simplen Formen wie einem Kreis oder einem Rechteck zu beginnen als mit komplexeren wie einem Stern oder einer Blume!

2. Das Kind lernt, seine Handgriffe dosiert einzusetzen, um den Teig vorsichtig aus der Form zu lösen und auf das Backblech zu setzen. Es kann so viele Kekse ausstechen, wie es will, dabei die Formen variieren und an Selbstvertrauen gewinnen.

3. Wenn es will, kann es die Kekse dekorieren: Dazu etwas Eigelb auf den Keksen verstreichen (mit dem Pinsel oder Küchenpapier) und Dekomaterial aufstreuen. Ab in den vorgeheizten Ofen – guten Appetit!

Erweiterung:

Um andere Handgriffe zu trainieren, können Sie dem Kind beibringen, Schokoladentrüffel zu machen.

Gefördertes Potenzial:

Fleiß, eine Aufgabe von Anfang bis Ende erfüllen, Schönheitssinn, Durchführung und Beherrschung einzelner Handgriffe, Selbstachtung

Bänder auf- und abrollen

2–3 Jahre   ⏰ 15 bis 20 Min.

Benötigt werden: ein Tablett mit mehreren verschieden langen Bändern, unterschiedlich große Rollen (z. B. eine Flasche, eine leere Küchenpapier-Rolle, ein Lockenwickler, eine leere Nähgarnrolle usw.)

Das Auf- und Abrollen von Bändern ist sehr wichtig für die Entwicklung der Motorik des Kindes. Sie können es daran gewöhnen, indem Sie es mit dem größten und simpelsten anfangen lassen, bis hin zum kleinsten und kompliziertesten.

Ablauf:

1. Zeigen Sie dem Kind ein Band.

2. Setzen Sie die größte Rolle am äußeren Ende des Bands an und zeigen Sie dem Kind, wie man es aufrollt.

3. Lassen Sie das Kind es selber probieren.

4. Dann fordern Sie es auf, die anderen Bänder und immer kleinere Rollen auszuprobieren.

5. Wenn die Übung beendet ist, schlagen Sie dem Kind vor, die Bänder wieder abzurollen und alles aufzuräumen.

Erweiterung:

Sie können das Kind mit einer kleinen, lustigen Aufgabe für Weihnachten oder für einen Geburtstag betrauen, indem Sie es bitten, das Geschenkband von den Geschenken zu nehmen und wieder aufzurollen. Es kann die Enden dann mit Tesafilm fixieren, um daraus eine farbige Sammlung zu machen, die man beim nächsten Fest wieder gebrauchen kann.

Gefördertes Potenzial:

Feinmotorik, Entwicklung der Konzentrationsfähigkeit und Unabhängigkeit, Entwicklung der kleinen Handmuskeln und der Rotation des Handgelenks

Einen Bleistift spitzen

 **3 Jahre +**    10 bis 15 Min.

Benötigt werden: ein Spitzer, eine Schachtel Bleistifte oder Buntstifte

─ ─ ─ ─ ─

Einen Bleistift anzuspitzen ist eine interessante Tätigkeit für ein Kind, denn es fördert die Präzision und die Konzentration und verfeinert die Bewegung der kleinen Handmuskeln, der Finger und die Rotation des Handgelenks. So wird das Kind auf das Schreiben vorbereitet. Und, ganz nebenbei, einen Bleistift anspitzen ist heute, zu Zeiten der Wegwerfartikel, ja schon beinahe ein militanter ökologischer Akt!

Ablauf:

1. Führen Sie dem Kind die Übung vor, indem Sie ihm zeigen, wie man einen Stift anspitzt und rechtzeitig aufhört, ohne die Spitze zu brechen.
2. Das Kind führt die Übung nun selbst aus, Stift für Stift, bis es die Tätigkeit beherrscht.

Erweiterung:

Die logische Erweiterung dieser Übung ist natürlich das Wegräumen des Abfalls vom Anspitzen und das Aufräumen der Umgebung.

Gefördertes Potenzial:

Entwicklung der Konzentrationsfähigkeit, Präzision, Fleiß, Durchführung und Beherrschung einzelner Handgriffe, Koordination

Eine Kerze anzünden

3 Jahre + 10 bis 15 Min.

Benötigt werden: eine Kerze, Streichhölzer

— — — — —

Ein selbstständiges Kind, dem man vertraut, kann durchaus mit einer Kerze und Streichhölzern umgehen, wenn man ihm die Verantwortung übergibt und ihm das Vorgehen und die Verhaltensregeln im Detail erklärt.

Ablauf:

1. Schlagen Sie dem Kind vor, selbst ein Streichholz anzuzünden. Davor führen Sie ihm erst einmal vor, wie man das Streichholz über die Reibefläche zieht und an den Docht hält. Dann lassen Sie das Kind die Kerze löschen, indem es darüber pustet.

2. Nun lassen Sie das Kind selbst probieren. Anfangs nehmen Sie vielleicht die etwas längeren Streichhölzer, aber wenn Sie gerade keine haben, nehmen Sie eben die, die da sind.

3. Wenn die Kerze einmal angezündet ist, bleiben Sie dabei und lassen Sie das Kind die Übung durchführen, so oft es will.

Erweiterung:

An seinem nächsten Geburtstag wird das Kind schon selbst die Kerzen auf seinem Geburtstagskuchen anzünden!

Gefördertes Potenzial:

Entwicklung der Konzentrationsfähigkeit, Fleiß, Durchführung und Beherrschung einzelner Handgriffe, Sinn für Selbstständigkeit und Unabhängigkeit, Verantwortungsbewusstsein

Socken sortieren

Benötigt werden: einzelne Socken, ein Korb

––––––

Ob Sie eine Wäsche dazu nutzen, diese Übung durchzuführen, oder ob Sie die Sockenpaare in der Schublade eigens dafür trennen, das Kind wird großen Spaß daran haben, Ihnen zu helfen und jedes Paar zusammenzusuchen.

Ablauf:

1. Zeigen Sie dem Kind die Übung, indem Sie ihm einen Haufen einzelner Socken in einem Korb übergeben.

2. Zeigen Sie ihm, wie man ein Paar zusammensetzt.

3. Das Kind soll alle Socken, die zusammenpassen, nebeneinander legen.

4. Zeigen Sie dem Kind dann, wie Sie die Sockenpaare gewöhnlich zusammenlegen (falten, knoten …).

5. Lassen Sie das Kind das mit allen Sockenpaaren machen.

6. Die Sockenpaare sind zum Einräumen bereit!

Erweiterung:

Bitten Sie das Kind, noch einen Schritt weiterzugehen und selbst die sortierten Socken in die Schublade zu räumen, und das für jedes Familienmitglied.

Gefördertes Potenzial:

Betrachten und Vergleichen von Unterschieden, Geduld, Organisationssinn, ein aufmerksamer Entdecker und Beobachter seiner Umgebung werden

Obst und Gemüse schneiden

  10 bis 30 Min.

Benötigt werden: verschiedene Obst- oder Gemüsesorten, ein Gemüsemesser (nicht zu spitz), ein Schneidebrett, eine Schüssel

Vertrauen Sie dem Kind, es hat das Bedürfnis und ist absolut fähig dazu, echte Alltagsarbeiten zu erledigen, mit dem Material, das Sie selbst im Alltag benutzen – wenn Sie ihm beibringen, »*es selbst zu tun*«, und ihm die Verantwortung übertragen. Diese Übung wird dem Kind helfen zu lernen, wie man ein Messer und ein Schneidebrett benutzt.

Ablauf:

1. Zu Beginn suchen Sie Obst- und Gemüsesorten aus, die recht weich sind und somit leicht zu schneiden: eher eine Birne als eine Möhre!

2. Je nach Form des Gemüses oder der Frucht zeigen Sie dem Kind nun, wie man vorgeht. Erklären Sie ihm, wie man das Messer hält, wie man darauf achtet, nicht abzurutschen, und wie man Finger und Hände hält, um sich nicht zu schneiden.

3. Lassen Sie das Kind nun selbst schneiden, aber bleiben Sie dabei. Es wird nach und nach Vertrauen in seine Handgriffe fassen und an Leichtigkeit gewinnen.

4. Mit der Zeit können Sie zu Obst- oder Gemüsesorten übergehen, die etwas härter sind.

Erweiterung:

Wenn das Kind die Übung beherrscht, können Sie ihm auch beibringen, wie man eine Möhre oder eine Gurke mit einem Sparschäler oder einem Schälmesser schält – das ist eine Tätigkeit, die das Schneiden gut ergänzt.

Gefördertes Potenzial:

Präzision, Durchführung und Beherrschung einzelner Handgriffe, Unabhängigkeit, Vertrauen, Selbstachtung

Selber Mehl machen

  15 Min.

Benötigt werden: Buchweizenkörner, eine Kaffeemühle oder ein starker Mixer mit kleiner Klinge

— — — — —

Indem das Kind sein eigenes Mehl produziert, lernt es direkt durch eigene Erfahrung, dass es aus gemahlenem Getreide hervorgeht. Es bereitet so ein sehr frisches und nahrhaftes Lebensmittel zu und wird zudem für eine Auswahl an gesunder und genussreicher Ernährung sensibilisiert.

Ablauf:

1. Erklären Sie dem Kind, wie wichtig Getreide für die gesunde Ernährung ist und dass es Grundnahrungsmittel in zahlreichen Kulturen ist (siehe auch Übung auf S. 218 »Brötchen backen«). Wenn das Getreide erst zu Mehl gemahlen ist, sollte es schnell verbraucht werden. Aber wenn das Getreide im Ganzen erhalten bleibt, verdirbt es nicht und kann jederzeit keimen, selbst Jahre später! Manche sagen, dass man sogar Weizenkörner sprießen lassen könnte, die in ägyptischen Gräbern gefunden wurden … Es ist deshalb wichtig, das Mehl »just-in-time« herzustellen, um die wichtigen Nährstoffe in den Körnern zu erhalten.

2. Weizen ist zu hart, um zu Hause gemahlen zu werden. Nehmen Sie Buchweizen, der ist schön weich. Lassen Sie das Kind die Körner in den Apparat füllen und selber mahlen, bis es ein schön feines Mehl erhält. Und schon hat es gutes Buchweizenmehl (auch schwarzer Weizen genannt), woraus sich vitaminreiche Crêpes machen lassen!

Erweiterung:

An diese Übung kann sich natürlich gut eine Mahlzeit mit frischen, selbst gemachten Crêpes aus Buchweizenmehl anschließen.

Gefördertes Potenzial:

Ausbildung des Geschmackssinns, Durchführung und Beherrschung einzelner Handgriffe, Koordination, Respekt vor der Natur und dem Leben

Eiweiß und Eigelb trennen

 3 Jahre +    15 bis 20 Min.

Benötigt werden: sechs Eier, drei kleine Schüsseln, ein Schwamm

––––––

Man kann kein Omelett zubereiten, ohne Eier aufzuschlagen … Vertrauen Sie dem Kind und bringen Sie ihm bei, wie man Eigelb und Eiweiß trennt. Auch wenn es ihm beim ersten Mal nicht gelingt, wird es mit ein bisschen Übung nach und nach die Handgriffe beherrschen und dabei mehr und mehr Selbstvertrauen gewinnen.

Ablauf:

1. Erklären Sie dem Kind die Übung, indem Sie ihm die Eier zeigen und erläutern, dass sie aufgeschlagen werden müssen, um das Eiweiß in die eine Schüssel und das Eigelb in die andere Schüssel zu geben. In der dritten Schüssel werden die leeren Eierschalen gesammelt.

2. Zu Beginn führen Sie dem Kind vor, wie man das Ei am Rand einer Schüssel aufschlägt und dabei die Daumen eindrückt, um vorsichtig die Schale zu entfernen.

3. Das Eiweiß fließt in die eine Schüssel und mit den beiden Schalenhälften schüttet man das Eigelb hin und her, bis alles Eiweiß in die Schüssel geflossen ist.

4. Das Eigelb wird nun in die zweite Schüssel gegeben und die leeren Eierschalen in die dritte.

5. Nun darf das Kind es ausprobieren. Es wird versuchen, Ihre Gesten nachzuahmen, und es wird seine Bewegungen von Ei zu Ei verfeinern.

Erweiterung:

Sie können diese Übung mit anderen kombinieren, wie z. B. »Eischnee schlagen« (S. 250) oder »Kuchen backen« (S.219).

Gefördertes Potenzial:

Durchführung und Beherrschung einzelner Handgriffe, Koordination, Kontrollsinn, Selbstachtung, Organisationssinn

Einen Orangensaft pressen

 15 bis 20 Min.

Benötigt werden: einige Orangen, ein Tablett, eine Saftpresse, ein Schwamm, Gläser, optional Dekomaterial für Cocktails

— — — — —

Diese Tätigkeit ist sehr alltäglich und auf den ersten Blick recht simpel, aber sie hilft dem Kind dabei, einige Handgriffe zu beherrschen und seine Kräfte dosieren zu lernen. Die Übung verfeinert die Bewegungen der schmalen Handmuskeln, der Finger und der Rotation des Handgelenks, nebenbei lehrt sie, sich um andere zu kümmern.

Ablauf:

1. Schlagen Sie dem Kind vor, einen selbst gepressten Orangensaft für die ganze Familie vorzubereiten.

2. Zeigen Sie ihm, wie man die Früchte halbiert und wie man die Saftpresse benutzt.

3. Nun soll es die Orangen auspressen.

4. Es soll selbst den Saft in die Gläser schütten.

5. Zum Abschluss lassen Sie das Kind eventuell die Gläser mit dem Dekomaterial für Cocktails garnieren, um den Schönheitssinn zu fördern, der Maria Montessori so wichtig war.

6. Schließlich soll das Kind die Gläser auf ein Tablett stellen und es den Familienmitgliedern bringen, wobei es darauf achtet, nichts zu verschütten (wählen Sie eventuell leichte und unzerbrechliche Becher, je nach Alter des Kindes).

Erweiterung:

Im gleichen Sinne können Sie das Kind an das gesellschaftliche Leben heranführen, indem Sie es anregen, seinen eigenen Gästen ein Getränk zu servieren.

Gefördertes Potenzial:

Fleiß, eine Aufgabe von Anfang bis Ende erfüllen, Durchführung und Beherrschung einzelner Handgriffe, Gemeinschaftssinn, Schönheitssinn

Tischservietten falten

3 Jahre +   🕐 15 bis 20 Min.

Benötigt werden: ein Tablett mit fünf Tischservietten, die vorgefaltet und gebügelt sind

Indem es lernt, eine Serviette zu falten, entwickelt schon das ganz kleine Kind seine Beobachtungsgabe, seine Koordination, seine Selbstständigkeit, ja, sogar seine Kreativität!

Ablauf:

1. Stellen Sie das Tablett mit etwas Abstand vor das Kind und legen Sie die Servietten davor hin.

2. Legen Sie den Finger auf die gedachte mittlere Linie der Serviette.

3. Zeigen Sie dem Kind, wie man die Serviette faltet: Nehmen Sie z. B. die zwei unteren Ecken und legen Sie sie auf die oberen zwei Ecken usw.

4. Nun soll das Kind die Übung selbst ausführen.

Anmerkung: Lassen Sie die fünf Servietten nach aufsteigendem Schwierigkeitsgrad falten, von unten nach oben und von links nach rechts, wobei Sie sich links neben das Kind setzen.

Erweiterung:

Sie können diese Übung vertiefen, indem Sie ein Blatt kariertes Papier nehmen, mit dem das Kind die gleichen Handgriffe ausführen kann, nur eben mit einem anderen Material.

Gefördertes Potenzial:

Entwicklung des Konzentrationsvermögens, Feinmotorik, eine Reihenfolge einhalten, Unabhängigkeit

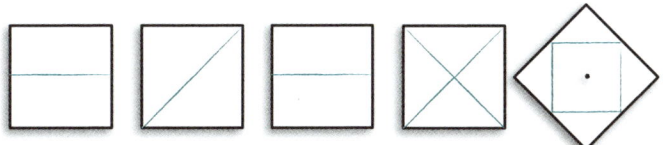

Einen Salat vorbereiten

3 Jahre +  20 Min.

Benötigt werden: ein ganzer Kopfsalat, eine Salatschleuder, ein großer Teller

－－－－－

Ja, sicher, die Supermärkte heutzutage bieten Salat schon fertig gezupft in Tüten an … Aber diese Übung wird dem Kind wichtige Begriffe einprägen: Schneiden, Auslesen, Waschen, Trocknen, Anbieten, ganz zu schweigen von dem Vergnügen, einen guten, frisch zubereiteten und mit Sorgfalt verlesenen Salat zu genießen …

Ablauf:

1. Schlagen Sie dem Kind vor, selbst den Salat für das Essen vorzubereiten.
2. Zu Beginn zeigen Sie ihm, wie man den Strunk abschneidet. Lassen Sie das Kind es auch selbst versuchen.
3. Dann zeigen Sie ihm, wie man die Blätter verliest.
4. Im nächsten Schritt wäscht das Kind den Salat vorsichtig.
5. Schließlich legt das Kind den Salat in die Salatschleuder und dreht diese mehrere Male.
6. Danach kann es den Salat auf den Servierteller legen.

Erweiterung:

Um diese Übung zu vervollständigen, kann das Kind auch selbst die Salatsauce zubereiten.

Gefördertes Potenzial:

Fleiß, den Abschnitten einer Tätigkeit folgen, Durchführung und Beherrschung einzelner Handgriffe, Unabhängigkeit

Blätter harken

Benötigt werden: eine Harke, ein Garten, vier Eimer, eine Schubkarre oder ein großer Sack

— — — — —

Blätter zu harken ist eine sehr nützliche Tätigkeit, um die körperliche Koordination des Kindes und seine Beherrschung von Handgriffen zu fördern, und nebenbei auch seinen Gemeinschaftssinn und Sauberkeitssinn.

Ablauf:

1. Fordern Sie das Kind an einem schönen Herbsttag zu dieser Übung auf.

2. Zeigen Sie dem Kind, wie man mit der Harke umgeht.

3. Grenzen Sie im Garten einen Bereich ab, in dem die Blätter zusammengeharkt werden sollen. Dazu können Sie an allen vier Ecken einen umgedrehten Eimer hinstellen.

4. Wenn alle Blätter zusammengeharkt sind, wird das Kind damit beauftragt, sie einzusammeln, am besten mit einer Schubkarre oder auch in einen großen Sack.

Erweiterung:

Diese Übung kann idealerweise mit der Entdeckung des Prinzips des Kompostierens verbunden werden, wenn ein Behälter vorhanden ist, in den das Kind die Blätter werfen kann.

Gefördertes Potenzial:

Fleiß, Durchführung und Beherrschung einzelner Handgriffe, Koordination, Entwicklung des Sauberkeitssinns, Gemeinschaftssinn

Wäsche waschen

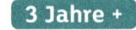 **3 Jahre +**    30 Min.

Benötigt werden: Wäschekörbe, eine Waschmaschine, Waschmittel, ein Wäscheständer oder Wäschetrockner

––––––

Dem Kind zu zeigen, wie man Wäsche wäscht, scheint auf den ersten Blick banal, aber es wird ihm viel bringen: Indem es alltägliche Aufgaben wahrnimmt, wird es selbstständiger und verantwortungsbewusster, es lernt, hilfsbereit zu sein und sich um andere zu kümmern, und nicht zuletzt, eine Aufgabe von Anfang bis Ende zu erfüllen.

Ablauf:

1. Zeigen Sie dem Kind, wie man die alltägliche Wäsche sortiert, weiße und bunte Wäsche z. B., je nach Ihren häuslichen Gewohnheiten. Um das Kind heranzuführen, stellen Sie ihm zwei gut unterscheidbare und erreichbare Wäschekörbe hin und fordern Sie es auf, selbst seine schmutzige Wäsche auf die Körbe zu verteilen.

2. Am Tag der Übung ermuntern Sie das Kind, selbst die Wäsche zu machen: Lassen Sie es die Wäsche aus den Körben in die Waschmaschine legen, zeigen Sie ihm, wie es selbst das Waschmittel (Pulver oder flüssiges) dosiert, lassen Sie es die Tür gut verschließen, das Programm auswählen und die Maschine in Gang setzen.

3. Nun hat das Kind die Aufgabe, die Übung zu Ende zu bringen. Es soll selbst prüfen, wann die Waschmaschine zu Ende gelaufen ist und die Wäsche dann aufhängen oder in den Trockner legen, je nach Ihren Gewohnheiten.

Erweiterung:

Der nächste Schritt ist natürlich, die saubere Wäsche einzuräumen ... Fordern Sie das Kind auf, die Wäsche nach Familienmitgliedern in verschiedene Körbe zu sortieren, sie zusammenzulegen und an den richtigen Ort zu räumen.

Gefördertes Potenzial:

Sinn für Selbstständigkeit und Unabhängigkeit, Entwicklung des Sauberkeitssinns, Organisationssinn, Gemeinschaftssinn, die einzelnen Schritte einer Übung befolgen

Hände waschen

3 Jahre +    5 bis 10 Min.

Benötigt werden: ein kleiner Tisch, flüssige Seife oder ein Seifenstück, eine Schüssel, ein Krug lauwarmes Wasser, zwei Schwämme (ein kleiner und ein großer), ein Handtuch, ein Eimer, eine kleine Nagelbürste, eine Nagelfeile

– – – – –

Ein Kind zeigt immer große Begeisterung für den Gebrauch von Wasser und Seife. Und es ist ganz sicher nie zu früh, es an die Grundsätze von Sauberkeit und Körperpflege heranzuführen!

Ablauf:

1. Erklären Sie dem Kind, dass Sie ihm nun zeigen, wie es sich selbst die Hände wäscht.
2. Zu Beginn fordern Sie es auf, sich die Ärmel hochzukrempeln.
3. Geben Sie lauwarmes Wasser in einen Krug und schütten Sie es in die Schüssel. Die Tropfen mit dem kleinen Schwamm aufnehmen.

4. Seifen Sie sich die Hände ein.

5. Reiben Sie jeden Finger ab, beginnend mit dem Daumen … Sie können die Gelegenheit nutzen und jeden Finger benennen (Daumen, Zeigefinger, Mittelfinger, Ringfinger, kleiner Finger).

6. Bürsten Sie die Fingernägel mit einer Nagelbürste.

7. Spülen Sie die Hände ab, lassen Sie die Finger abtropfen und trocknen Sie die Hände ab, beginnend mit dem Daumen.

8. Schütten Sie das Wasser aus der Schüssel in den Eimer und wischen Sie die Schüssel mit dem großen Schwamm trocken.

9. Zum Abschluss stellen Sie den Krug in die Schüssel.

10. Nun ist das Kind an der Reihe, sich die Hände zu waschen, und dies, so oft es will!

Anmerkung: Fassen Sie die benötigten Gegenstände (Schüssel, Krug) nur mit trockenen Händen an.

Erweiterung:

Als nächsten Schritt, wenn das Kind ein bisschen älter ist, können Sie ihm zeigen, wie man sich am ganzen Körper wäscht.

Gefördertes Potenzial:

Entwicklung des Konzentrationsvermögens, eine Reihenfolge befolgen, Selbstständigkeit, Sauberkeit

Einen Tisch sauber machen

3,5 Jahre + ⏲ 15 bis 20 Min.

Benötigt werden: ein Tablett mit einem Eimer, Seife, eine Bürste, ein Krug mit lauwarmem Wasser, zwei Schwämme (ein großer und ein kleiner)

— — — — —

Zu lernen, wie man eine Fläche mit Bürste, Seifenschaum und Schwamm reinigt, lehrt das Kind, eine saubere Umgebung für die Arbeit zu schaffen. Außerdem entwickelt es dadurch seinen Gemeinschaftssinn und die Koordination seiner Bewegungen.

Ablauf:

1. Zeigen Sie dem Kind, wie man von links nach rechts, von oben nach unten säubert und dabei Eimer, Seife und Bürste benutzt.
2. Fordern Sie das Kind auf, es Ihnen nachzumachen.
3. Am Ende der Übung kippt das Kind das Schmutzwasser aus.

Erweiterung:

Wenn das Kind die Übung gut beherrscht, kann es sie auch in der Senkrechten ausprobieren, beim Tafelwischen oder Fensterputzen.

Gefördertes Potenzial:

Entwicklung des Konzentrationsvermögens, eine Reihenfolge beachten, Unabhängigkeit, Selbstachtung

Mit einem Jo-Jo spielen

3,5 Jahre + ⏰ 10 bis 15 Min.

Benötigt wird: ein Jo-Jo

— — — — —

Wenn es mit einem Jo-Jo spielt, lernt das Kind nebenbei, seine Bewegungen anzupassen, seine Geduld und seine Konzentration zu schulen und ganz langsam die Gesetze der Physik zu begreifen …

Ablauf:

1. Zeigen Sie dem Kind die Übung, indem Sie ihm vorführen, wie man mit dem Jo-Jo spielt.
2. Übergeben Sie das Jo-Jo dem Kind und helfen Sie ihm bei der Handhabung, damit es das Gefühl nachvollziehen kann.
3. Dann lassen Sie das Kind selbst spielen, so lange es will.

Erweiterung:

Wenn das Kind die Übung gut beherrscht, kann es versuchen, gleichzeitig mit einem zweiten Jo-Jo in der anderen Hand zu spielen: Es gibt nichts Besseres, um seinen Koordinationssinn zu trainieren!

Gefördertes Potenzial:

Entwicklung des Konzentrationsvermögens, Geduld, Durchführung und Beherrschung einzelner Handgriffe, Kontrollvermögen, Kenntnisse von physikalischen Phänomenen

Flechten

3,5 Jahre +  20 Min.

Benötigt werden: ein Holzring (wie für eine Gardinenstange), drei verschiedenfarbige Schnüre aus Baumwolle oder Wolle oder drei bunte Schnürsenkel, eine Türklinke

Indem es zu flechten lernt, schult das Kind seinen Sinn für Aufmerksamkeit und seine Geduld. Außerdem lernt es, seine Handgriffe gut anzusetzen und zu koordinieren.

Ablauf:

1. Bereiten Sie die Übung vor, indem Sie zunächst zwei Schnürsenkel oder zwei Schnüre von unterschiedlicher Farbe an einem Ring befestigen.

2. Fordern Sie das Kind auf, den Ring an einer Türklinke zu befestigen, und zeigen Sie ihm, wie man die beiden Schnüre kreuzen muss. Lassen Sie das Kind diese Tätigkeit selbst entdecken.

3. Wenn das Kind die Übung gut beherrscht, fügen Sie die dritte Schnur hinzu. Zeigen Sie ihm, wie man flechtet, indem man abwechselnd die linke und rechte Schnur übereinanderlegt, ohne dabei die Schnüre durcheinanderzubringen.

4. Lassen Sie das Kind den Strang zu Ende flechten.

Erweiterung:

Der nächste Schritt wäre natürlich, einen richtigen Zopf zu flechten, bei einer Puppe, der Mutter oder einer Freundin.

Gefördertes Potenzial:

Fleiß, eine Aufgabe von Anfang bis Ende erfüllen, Ausbildung des Tastsinns, Durchführung und Beherrschung einzelner Handgriffe, Koordination

Eischnee schlagen

 **3,5 Jahre**  20 Min.

Benötigt werden: sechs Eier, eine große Schüssel, ein Schneebesen.

––––––

Eischnee schlagen kann für das Kind ganz faszinierend sein, geradezu magisch … Zeigen Sie ihm die Technik, die einerseits die Beherrschung der erforderlichen Handgriffe schult, es andererseits auch an die Rotation der Handgelenke gewöhnt und indirekt auf das Schreiben vorbereitet!

Ablauf:

1. Nachdem das Kind gelernt hat, Eier zu trennen, zeigen Sie ihm die Schüssel mit dem Eiweiß.
2. Führen Sie die Handhabung mit dem Schneebesen vor, wobei Sie betonen, wie wichtig es ist, dass die Schüssel schräg gehalten wird und die Bewegung mehr aus dem Handgelenk kommt und nicht aus dem Arm, was sowohl effizienter als auch weniger ermüdend ist.
3. Nun soll das Kind sich darin üben.

4. Die Übung ist zu Ende, wenn das Eiweiß glatt, glänzend und fest ist!

Erweiterung:

Es wäre ideal (und motivierend!), wenn diese Übung mit der Herstellung von Baiser fortgeführt wird!

Gefördertes Potenzial:

Feinmotorik, Verfeinerung der Bewegungen der schmalen Handmuskeln, der Finger und der Rotation des Handgelenks, Entwicklung der Konzentrationsfähigkeit und Unabhängigkeit

Schuhe polieren

3,5 Jahre   ⏰ 20 bis 30 Min.

Benötigt werden: Lederschuhe (am besten die des Kindes, ohne Schnürsenkel), eine kleine Bürste, eine große Bürste, zwei Tücher, eine Dose Schuhcreme, eine Schürze

Das Kind wird stolz darauf sein, seine eigenen Schuhe zu polieren und glänzend zu machen!

Ablauf:

1. Lassen Sie das Kind die Schuhe auswählen, die poliert werden sollen.

2. Krempeln Sie dem Kind zuerst die Ärmel hoch und binden ihm eine Schürze um.

3 Lassen Sie es die entsprechende Schuhcreme auswählen und nebenbei daran riechen!

4. Beginnen Sie damit, einen Schuh mit der Staubbürste zu säubern. Dann nehmen Sie Schuhcreme mit einem der Tücher auf und tragen Sie sie auf den Schuh auf.

5. Nun setzen Sie die Polierbürste ein.

6. Zum Abschluss benutzen Sie das zweite Tuch, um den Schuh zum Glänzen zu bringen.

7. Nun lassen Sie das Kind die Prozedur mit dem anderen Schuh nachmachen, ganz in seinem Rhythmus.

Erweiterung:

Schlagen Sie dem Kind vor, auch die Schuhe der anderen Familienmitglieder zum Glänzen zu bringen, und fördern Sie so seinen Gemeinschaftssinn.

Gefördertes Potenzial:

Entwicklung des Konzentrationsvermögens, eine Reihenfolge befolgen, Selbstständigkeit

Eine Spritze benutzen

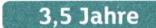 3,5 Jahre  20 bis 40 Min.

Benötigt werden: drei Spritzen (aus Plastik und ohne Nadel!) in verschiedenen Größen, zwei durchsichtige identische Schalen, Wasser

––– ––– –––

Das Kind wird großen Spaß daran haben, mit einer Spritze Wasser umzufüllen, und lernt dabei, seine Kräfte zu dosieren, präzise Handgriffe einzusetzen und sich zu konzentrieren.

Ablauf:

1. Zeigen Sie dem Kind den Übungsablauf, indem Sie mit der kleinsten Spritze anfangen. Stellen Sie dem Kind die Aufgabe, Wasser von einer Schale in die zweite zu füllen, die rechts von ihm steht.

2. Zeigen Sie dem Kind, wie man mit der Spritze aus der ersten Schale Wasser einsaugt und es in die zweite Schale hineinlaufen lässt, indem man die Spritze herunterdrückt.

3. Dann soll das Kind es selbst versuchen.

4. Wenn es die Übung gut beherrscht, können Sie ihm eine zweite, größere Spritze geben. Nun darf es damit weiterspielen.

5. Und schließlich geben Sie ihm die dritte, größte Spritze.

Erweiterung:

Wenn das Kind die Funktionsweise einer Spritze gut verinnerlicht hat, können Sie es zu größerer Präzision animieren, indem es die Maßeinheiten beachtet. Lassen Sie es z. B. 5 ml Flüssigkeit in ein Glas füllen, 10 ml in ein zweites und 20 ml in ein drittes.

Gefördertes Potenzial:

Präzision, Fleiß, eine Aufgabe von Anfang bis Ende erfüllen, Durchführung und Beherrschung einzelner Handgriffe, Koordination

Einen Knopf annähen

3,5 Jahre  30 Min.

Benötigt werden: ein großer Knopf mit großen Löchern, eine große Nähnadel mit großer Öse, Faden, ein Kleidungsstück, ein Stück Stoff, ein Fingerhut

––––––

Abgesehen vom nützlichen und praktischen Aspekt fördert diese Übung die Konzentration und Präzision des Kindes.

Ablauf:

1. Schlagen Sie dem Kind vor, diese Übung mit irgendeinem Stück Stoff zu machen, oder, um die Übung interessanter und persönlicher zu gestalten, lassen Sie es selbst in einer Kurzwarenhandlung neue Knöpfe für eines seiner Kleidungsstücke auswählen.

   Anmerkung: Nehmen Sie anfangs leichte Stoffe, keine Jeansstoffe!

2. Führen Sie dem Kind das Prinzip des Nähfadens vor: einen genügend langen Faden in der richtigen Farbe, mit einem Knoten am Ende, durch die Öse der Nadel eingefädelt. Lassen Sie das Kind es selbst ausprobieren.

3. Erklären Sie dem Kind, wie man einen Knopf annäht, gleichmäßig und methodisch. Wenn Sie Knöpfe mit nur zwei Löchern haben, ist es einfacher, aber wenn nicht, auch nicht schlimm, dann zeigen Sie dem Kind, wie man abwechselnd durch die vier Löcher näht. Lassen Sie das Kind die anderen Knöpfe annähen, aber bleiben Sie an seiner Seite, um Fragen zu beantworten.

Erweiterung:

Sie können die Übung vertiefen, indem Sie dem Kind einen einfachen Nähstich zeigen. Wenn ihm die Übung gefällt, lassen Sie es ein etwas schwierigeres Projekt nähen, z. B. ein kleines Kissen, ein Kuscheltier …

Gefördertes Potenzial:

Präzision, Konzentration, eine Aufgabe von Anfang bis Ende erfüllen, Durchführung und Beherrschung einzelner Handgriffe, Koordination

Magnete entdecken

4 Jahre +　⏰ 20 bis 30 Min.

Benötigt werden: eine Schachtel Magnete, kleine Gegenstände aus Eisen (Schrauben, Nägel usw.) und aus Plastik (Spielchips usw.)

Ablauf:

1. Zeigen Sie dem Kind eine Schachtel mit Magneten.
2. Zeigen Sie ihm, wie sie sich anziehen und abstoßen.
3. Erklären Sie ihm, dass Magnete zwei Polaritäten haben, Nord- und Südpol. Zwei verschiedene Magnete ziehen sich an und zwei identische stoßen sich ab, durch die magnetische Kraft.
4. Lassen Sie das Kind mit den Magneten spielen und selbst die magnetische Kraft spüren.
5. Erklären Sie dem Kind, dass Magnete Eisen anziehen, aber keine anderen Materialien. Führen Sie ihm das vor, indem Sie einen Magneten über eine Reihe an eisenhaltigen und nicht eisenhaltigen Objekten hinwegziehen.

6. Dann lassen Sie das Kind diese Übung in seinem eigenen Rhythmus entdecken, so lange es will.

Erweiterung:

Diese Übung kann mit der auf S. 60 »Ein magnetisches Feld betrachten« verknüpft werden.

Gefördertes Potenzial:

Konzentration, Betrachten und Vergleichen von Unterschieden, Kenntnisse von physikalischen Phänomenen, ein aufmerksamer Entdecker seiner Umwelt werden

Die Horizontale entdecken

5 Jahre +   ⏰ 20 Min.

Benötigt werden: eine Wasserwaage, ein Bleistift, ein Lineal, ein großes Blatt Papier, Maler-Klebeband

Ablauf:

1. Bereiten Sie die Übung vor, indem Sie das Kind einige lange Linien auf das Blatt Papier zeichnen lassen. Seine Geraden müssen nicht alle parallel sein, sondern sollten im Gegenteil alle in verschiedene Richtungen gehen. Eine einzige Linie soll horizontal verlaufen, parallel zum Papierrand. Das wird die Grundlinie sein.

2. Kleben Sie das Blatt Papier mit dem Maler-Klebeband an die Wand, das hinterlässt keine Spuren. Passen Sie auf, dass die Grundlinie schön horizontal verläuft. Wenn nötig, überprüfen Sie dies heimlich vorher mit der Wasserwaage, um nicht die Übung zu verderben!

3. Zeigen Sie dem Kind, wie die Wasserwaage funktioniert,

indem Sie ihm erklären, dass die Blase die Horizontale anzeigt. Lassen Sie es selbst damit spielen, so lange es will.

4. Dann fordern Sie das Kind auf, die Horizontalität der Linien mit diesem Werkzeug zu prüfen, indem es die Waage auf jede Linie hält. Ziel ist es, die Grundlinie zu finden.

5. Schlagen Sie dem Kind vor, eine andere horizontale Linie zu zeichnen, auf dasselbe Blatt Papier, dabei soll es die Wasserwaage einsetzen.

Erweiterung:

Lassen Sie das Kind sich an das Werkzeug gewöhnen und fordern Sie es auf, alle Bilder im Haus auf ihre Horizontalität zu überprüfen. Vielleicht können Sie vorher einige Bilder ein bisschen verrücken ...

Gefördertes Potenzial:

Beobachtungsgabe, Betrachten und Vergleichen von Unterschieden, Präzision, Messen, Kenntnisse von physikalischen Phänomenen

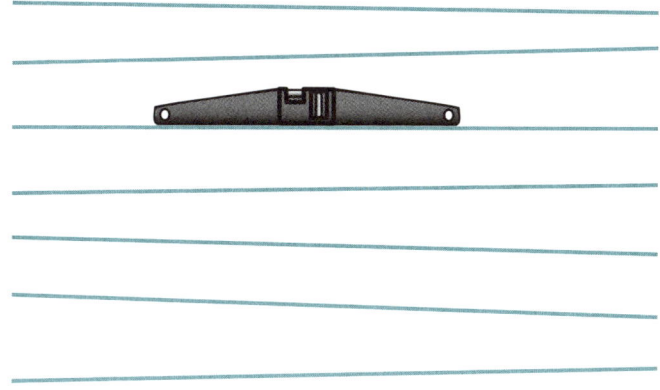

Mit einer Waage spielen

5 Jahre +  20 bis 30 Min.

Benötigt werden: eine alte Waage mit Gewichten, eine Reihe Gegenstände, die gewogen werden sollen, eventuell eine elektronische Waage zur Kontrolle

─ ─ ─ ─ ─

Natürlich dauert es länger, eine alte Waage anstatt einer elektronischen zu benutzen ... Aber diese Übung ist für das Kind sehr bereichernd.

Ablauf:

1. Zeigen Sie dem Kind die Waage und erklären Sie ihm, wie man die leeren Schalen austariert. Zeigen Sie ihm die Gewichte und lassen Sie es diese in der Hand wiegen, vom leichtesten bis zum schwersten.

2. Lassen Sie das Kind ein Gewicht in eine der Schalen legen, um zu sehen, wie die Waage reagiert. Dann ein schwereres Gewicht zum Vergleich.

3. Lassen Sie das Kind die Waage ausbalancieren, indem Sie es das gleiche Gewicht auf jede Seite legen lassen (z. B. 1 x 1 g, 2 x 2 g, 1 x 5 g auf eine Seite und ein Gewicht von 10 g auf die andere). Lassen Sie das Kind die einfachen arithmetischen Additionen bei dem Spiel mit den Gewichten selbst ausrechnen.

4. Lassen Sie das Kind einen Alltagsgegenstand seiner Wahl wiegen (z. B. ein Spielzeugauto). Sie können, rein aus Interesse, das festgestellte Gewicht mit dem vergleichen, das eine elektronische Waage angibt.

5. Das Kind soll nun die Übung in seinem Rhythmus ausprobieren und wiegen, was es will, wobei es sich selbst korrigieren kann mit dem Gleichgewicht der Waagschalen und der modernen Waage.

Erweiterung:

Fordern Sie das Kind auf, die Zutaten für einen Kuchen abzuwiegen.

Gefördertes Potenzial:

Betrachten und Vergleichen von Unterschieden, Präzision, Entwicklung von logischem und mathematischem Denken, Messen ...

Eine Kiste basteln

5 Jahre +   ⏰ 30 Min.

Benötigt werden: ein großes Stück Pappe, eine Schere, ein Lineal, ein Bleistift, ein Radiergummi, Kleber, Farbe oder bunte Filzstifte

Schlagen Sie dem Kind vor, einen kompletten Pappkarton selber zu basteln.

Ablauf:

1. Lassen Sie sich und das Kind vom abgebildeten Schema anregen, einen Karton aus Pappe von Anfang bis Ende selber zu basteln. Dazu soll das Kind zuerst ganz präzise das Muster auf die Pappe zeichnen.

2. Dann soll das Kind den Karton sorgfältig ausschneiden, die Knicke kennzeichnen und die Laschen ankleben, damit der Karton auch hält. Nun ist der Karton fertig und das Kind kann ihn nach Belieben dekorieren.

Erweiterung:

Zur Vertiefung schlagen Sie dem Kind vor, die Proportionen des Musters zu variieren, um kleinere und größere Kartons zu basteln. Damit erhält es ein Setzsystem und kann einen Karton im anderen verstauen.

Gefördertes Potenzial:

Entwicklung des Konzentrationsvermögens, Präzision, Fleiß, Vorbereitung auf die Geometrie, Durchführung und Beherrschung einzelner Handgriffe

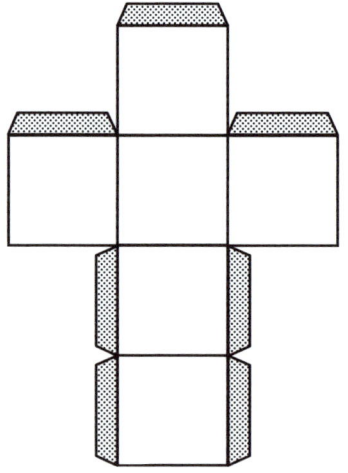

Lernen, Hilfe zu rufen

6 Jahre +   ⏰ 20 bis 30 Min.

Benötigt wird: ein Telefon

———————

Ziel ist es, das Kind selbstständig werden zu lassen und ihm die richtigen Reflexe in Extremsituationen beizubringen. Dazu soll es lernen, die Notrufnummer zu wählen.

Ablauf:

1. Erklären Sie dem Kind, in welchen Fällen es die Notrufnummer wählen muss. Bringen Sie ihm bei, wenn es noch klein ist, die 112 zu wählen (dort wird sein Anruf je nach Situation weitergeleitet), oder speichern Sie die Nummer im »automatischen Kurzwahlverzeichnis«, wenn Ihr Telefon das anbietet.

2. Bringen Sie dem Kind bei, ganz ruhig die Situation zu erklären, seine Adresse anzugeben und den Anweisungen zuzuhören.

Erweiterung:

Führen Sie mit dem Kind eine kleine Simulationsübung durch, um es auf eventuelle Notsituationen vorzubereiten.

Gefördertes Potenzial:

Sinn für Selbstständigkeit und Unabhängigkeit, Dinge mit Abstand betrachten, Verantwortungsgefühl, sich um andere kümmern, angemessene Reaktionsfähigkeit

Stricken lernen

6 Jahre + 45 Min. bis 1 Std.

Benötigt werden: Stricknadeln, Wolle in der Lieblingsfarbe des Kindes

———

Durch diese altmodische Tätigkeit wird das Kind seine Koordination, seine Feinmotorik sowie gleichmäßiges Arbeiten und Geduld perfektionieren!

Ablauf:

1. Zeigen Sie dem Kind ein schon fertig gestricktes Objekt (Pullover, Schal), um ihm Lust darauf zu machen, stricken zu lernen.
2. Lassen Sie das Kind die Farbe der Wolle auswählen, um die Übung noch persönlicher zu gestalten.
3. Beginnen Sie die Übung damit, dem Kind zu zeigen, wie man Maschen anschlägt.
4. Lassen Sie das Kind es nun selbst ausprobieren.
5. Wenn die Maschen angeschlagen sind, zeigen Sie dem Kind, wie man rechte Maschen strickt (kraus rechts stricken), und lassen Sie es diese Handbewegung präzise nachmachen.
6. Das Kind hat seine ersten Maschen gestrickt!

Erweiterung:

Wenn dem Kind die Tätigkeit gefallen hat, lassen Sie es einen Schal stricken.

Gefördertes Potenzial:

Entwicklung des Konzentrationsvermögens, Präzision, Fleiß, Geduld, Durchführung und Beherrschung einzelner Handgriffe

Ein Tag auf dem Bauernhof

6 Jahre + ⏰ einen Nachmittag oder einen Tag

Benötigt wird: Kontakt zu einem Bauernhof

— — — — —

In unserer digitalen Welt, in der das Kind aufwächst, wird ein Tag auf dem Bauernhof eine lehrreiche Übung sein, die es »back to the roots« führt und seine Tierliebe fördert.

Ablauf:

1. Schlagen Sie dem Kind vor, einen Nachmittag oder einen ganzen Tag auf einem Bauernhof zu verbringen, um das Landleben und vor allem die Liebe zu Tieren zu entdecken.

2. Kontaktieren Sie Bauernhöfe in Ihrer Umgebung und unterbreiten Sie ihnen den Plan. Wenn möglich, ziehen Sie kleine Anlagen vor, idealerweise Bio-Höfe, damit das Kind Tiere in natürlicher Umgebung sieht, die gut versorgt werden.

3. Stellen Sie das Kind vor und lassen Sie dann den Bauern die Sache in die Hand nehmen. Das Kind soll an verschiedenen Aktivitäten auf dem Hof teilnehmen.

4. Besonders interessant wird die Tierversorgung für das Kind sein: füttern, Ställe säubern usw.

5. Wieder zu Hause lassen Sie sich die Gefühle und Eindrücke des Kindes erzählen.

Erweiterung:

Wenn die Übung dem Kind gefallen hat, können Sie ihm vorschlagen, in den nächsten Ferien eine ganze Woche auf dem Bauernhof zu verbringen – es gibt zahlreiche Veranstalter, die so etwas anbieten.

Gefördertes Potenzial:

Respekt vor der Natur und dem Leben, Verantwortungsgefühl, Entwicklung von Rücksichtnahme, Entwicklung einer aufmerksamen Haltung, sich um andere kümmern

Einen Tag ohne Strom verbringen

  ein ganzer Tag

Benötigt werden: kein besonderes Material erforderlich, außer vielleicht ein Gaskocher, Kerzen und Streichhölzer

─────

Die Idee hinter dieser Übung ist es nicht, plötzlich zurück in die Steinzeit zu gehen ... Aber durch einen Tag ohne Strom wird das Kind einen anderen Blick auf diese sehr digitalisierte Welt bekommen, in der es lebt, und es wird seine Kreativität einsetzen, um einmal einen ganz anderen Tag zu verbringen, so ganz anders als sein gewöhnliches Leben.

Ablauf:

1. Schlagen Sie die Übung dem Kind einige Tage im Voraus vor und beschließen Sie zusammen die Regeln und das Programm für diesen Tag. Die Idee ist es, komplett auf alle elektrischen Geräte zu verzichten: Tablet, Telefon, Computer, Fernseher, Mikrowelle, Küchenmaschine, Lampen usw.

2. Das Kind wird sich so bewusst darüber, wie sehr sich seine Welt um Elektrizität dreht, und sich vielleicht Fragen über seine Abhängigkeit von dieser Energiequelle stellen.

3. Das ist eine gute Gelegenheit, die Kreativität des Kindes zu nutzen, um andere Aktivitäten zu erfinden oder wiederzuentdecken: andere Spiele, andere Arten zu kochen, andere Möglichkeiten, Licht zu machen usw.

Erweiterung:

Es bietet sich an, sich mit dem Kind über die verschiedenen Energiequellen und ihre Alternativen auszutauschen, aber auch über unsere Abhängigkeit von der Technologie zu sprechen.

Gefördertes Potenzial:

Förderung des kritischen Bewusstseins und der geistigen Eigenständigkeit, Dinge mit Abstand betrachten, Entwicklung des Umweltbewusstseins, Kenntnisse von physikalischen Phänomenen

Die Rollen vertauschen

  einen ganzen Tag

Benötigt wird: kein besonderes Material erforderlich

— — — — —

Diese Übung ist sehr lehrreich, sowohl für das Kind als auch für die Eltern. Für einen ganzen Tag werden die Rollen getauscht: Das Kind spielt die Rolle eines Elternteils und umgekehrt. Lachkrämpfe und jede Menge interessante Botschaften sind da garantiert!

Ablauf:

1. Schlagen Sie dem Kind die Übung schon etwas im Voraus vor und wählen Sie zusammen den in Frage kommenden Tag aus. Natürlich vereinfachen Sie sich das Leben, wenn Sie keine Aktivitäten auswählen, bei denen ein Tausch unmöglich oder nur unter erheblichen Schwierigkeiten machbar ist, wie z. B. Auto fahren oder das Weihnachtsessen vorbereiten!

2. Einen ganzen Tag lang wird das Kind die Rolle eines Elternteils spielen: die Initiative übernehmen, Aktivitäten vorschlagen, Erklärungen geben, zur Ordnung rufen, wenn nötig ... Das Elternteil wiederum wird die Rolle des Kindes übernehmen, so nah an der Realität und an der Persönlichkeit des Kindes wie möglich. Es ist sehr wahrscheinlich, dass die Nachahmung des anderen einige Botschaften zu Tage fördert, sowohl für die eine als auch für die andere Seite ...

3. Am Ende des Tages wird der Austausch wichtig sein, um die eigenen Gefühle auf beiden Seiten mitzuteilen, was man gut fand und was man verstanden hat, aber ebenso, was man vielleicht als weniger angenehm empfunden hat.

Erweiterung:

Sie können das Ganze bis in den Abend verlängern: Das Kind wird sicher großen Spaß daran haben, Ihnen eine Geschichte zum Einschlafen vorzulesen und Ihnen einen Gute-Nacht-Kuss zu geben!

Gefördertes Potenzial:

Unabhängiger werden, Entwicklung des Organisationssinns, Kommunikation, Verantwortungsgefühl, Entwicklung von Höflichkeit und Freundlichkeit

Erste Hilfe lernen

8 Jahre +  2 bis 3 Std.

Benötigt werden: ein Erste-Hilfe-Kurs in einer Schulungsstätte oder entsprechende Übungen zu Hause

––––––

Ein Kind großziehen heißt auch, einen verantwortungsvollen Bürger aus ihm zu machen, der die richtigen Reflexe hat und fähig ist, eine Notsituation in der gebotenen Ruhe zu analysieren.

Ablauf:

1. Je nach Ihren Kenntnissen und Fähigkeiten können Sie diese Übung zu Hause mit dem Kind durchführen oder Sie melden es für einen Kurs in einer Schulungsstätte an.

2. In einem solchen Erste-Hilfe-Kurs wird das Kind die grundlegenden Handgriffe und Reaktionen in einer Notsituation kennenlernen, aber es wird auch lernen, eine Situation zu analysieren, bevor man handelt, und in Krisenfällen seine Geistesgegenwart und einen kühlen Kopf zu bewahren.

3. Spielen Sie künftig regelmäßig kleine Notsituationen nach, damit das Kind die richtigen Reaktionen verinnerlicht.

Erweiterung:

Diese Übung bietet eine gute Gelegenheit, die Feuerlöscher in der Wohnung oder im Haus auf ihre Funktionsfähigkeit zu überprüfen.

Gefördertes Potenzial:

Beobachtungsgabe, Sinn für Unabhängigkeit und Selbstständigkeit, Verantwortungsgefühl, sich um andere kümmern

Ein Restaurant eröffnen

9 Jahre +    2 Std.

Benötigt werden: alle Zutaten und Rezepte im Voraus vorbereitet, ein hübscher Tisch und das »gute« Geschirr

————

Das Kind wird bei dieser Übung in die Verantwortung genommen, denn es lädt seine Familie wie ein Restaurantbesitzer ein und soll so einen Überblick erhalten, was alles für ein Essen organisiert und vorbereitet werden muss.

Ablauf:

1. Schlagen Sie dem Kind diese Übung einige Tage im Voraus vor. Helfen Sie ihm dabei, ein einfaches Menü zu entwerfen, das zeitnah zubereitet werden kann. Am besten einfache Gerichte, die leicht aufgewärmt oder am Vortag zubereitet werden können. Schön wäre es, die Gäste zwischen zwei Vorspeisen, zwei Hauptgerichten und zwei Desserts wählen zu lassen (Reste können beim nächsten Essen verspeist werden).

2. Am Vortag helfen Sie dem Kind bei den Einkäufen und bereiten Sie alles weitestgehend schon vor, wobei die Verantwortung beim Kind liegt. Stellen Sie alles bereit, was Sie benötigen: Geschirr, Tischdecken usw. Lassen Sie das Kind vor allem schon mal den Tisch decken, damit es sich am Tag X ganz dem Empfang der Gäste, dem Kochen und dem Bedienen widmen kann.

3. Am Tag selbst bereitet das Kind auch alles so weit wie möglich vor. Zur angegeben Uhrzeit empfängt es die Gäste, lädt sie zum Setzen ein und nimmt die Bestellung auf.

4. Dann begibt sich das Kind in die Küche und bereitet für jeden Gast das bestellte Menü vor. Die Gäste müssen sich wahrscheinlich auf eine gewisse Wartezeit einstellen!

5. Schließlich kann das Kind die Teller servieren. Damit die Darbietung vollständig ist, kümmert sich das Kind auch um das Abräumen des Tisches und das Aufräumen der Küche … Den Gästen bleibt nur noch, dem Küchenchef zu gratulieren!

6. Am Ende dieser Übung wäre es interessant, ein kleines Resümee zu ziehen und zu diskutieren, was für das Kind einfach oder eher kompliziert war.

Erweiterung:

Um diese Übung bis ins kleinste Detail perfekt zu machen, kann das Kind eine Menükarte auf ein hübsches, stabiles Blatt Papier schreiben.

Gefördertes Potenzial:

Eine Aufgabe von Anfang bis Ende erfüllen, Sinn für Unabhängigkeit und Selbstständigkeit, Organisationssinn, Entwicklung von Höflichkeit und Freundlichkeit, Gemeinschaftssinn

Sich um einen älteren Menschen kümmern

12 Jahre + ein Nachmittag

Benötigt wird: Kontakt zu einem Altersheim oder zu einem älteren Nachbarn

— — — — —

Der Austausch zwischen den Generationen kann sehr bereichernd sein. Es ist natürlich sehr wichtig, die kognitiven Fähigkeiten des Kindes zu fördern, aber es ist ebenso wichtig, die menschlichen Qualitäten zu entfalten. Indem das Kind sich einige Stunden um einen älteren Menschen kümmert, entwickelt es Herzenswärme, Hilfsbereitschaft, öffnet sich für andere Menschen und lernt die anderen Generationen besser kennen.

Ablauf:

1. Schlagen Sie dem Kind vor, einen Nachmittag mit einem älteren Menschen zu verbringen. Erklären Sie ihm, wie wohltuend seine Gegenwart für diesen Menschen sein kann, besonders wenn derjenige einsam ist und nicht oft Besuch bekommt.

2. Je nachdem, wen Sie in der näheren Umgebung haben, kontaktieren Sie einen älteren Nachbarn oder ein Altersheim und erklären Sie Ihr Projekt.

3. Stellen Sie dem Kind die Person vor. Wenn die beiden erst mal warm miteinander geworden sind, können sie miteinander reden, das Kind kann bei allen möglichen Aufgaben helfen, spielen, vorlesen usw.

4. Wenn das Kind wieder zu Hause ist, lassen Sie es von seinen Erlebnissen berichten.

Erweiterung:

Wenn das Kind diese Begegnung als angenehm empfunden hat, können Sie die Übung vertiefen, indem Sie ihm andere Möglichkeiten anbieten, oder – warum nicht – Sie gründen eine Art Arbeitsgruppe, um regelmäßig solche Begegnungen zu organisieren, auch mit anderen Kindern und anderen älteren Menschen.

Gefördertes Potenzial:

Kommunikation, Zuhören, Entwickeln von Höflichkeit und Freundlichkeit, Entwickeln einer aufmerksamen Haltung, sich um andere Menschen kümmern

Zusammenfassung

Mit diesen 200 Ideen hoffen wir, Ihnen einige inspirierende Tipps für Übungen an die Hand zu geben, mit denen Sie zahlreiche Fähigkeiten Ihres Kindes ausbilden und dabei seine Neugier und Selbstständigkeit fördern können, immer in seinem eigenen Rhythmus. Gemäß Maria Montessori soll man »im Kind so viele Neigungen und Interessen wie möglich wecken. Diese Samen, die in dieser Zeit im Geist des Kindes gesät werden, werden später nach und nach keimen, so wie sein Wille sich ausformen wird.«

Also, zögern Sie nicht, verschiedene Pfade zu gehen, neue Wege einzuschlagen, sich durch diese Übungen inspirieren zu lassen und neue zu kreieren, je nach Neigungen und Empfindungen Ihres Kindes!

»Zwei Dinge sollen Kinder von ihren Eltern bekommen: Wurzeln und Flügel.« Dieses berühmte Zitat von Johann Wolfgang von Goethe könnte vielleicht eine Inspiration für Montessori gewesen sein … Wenn Sie also den Samen gesät haben, kümmern Sie sich gut um den Mutterboden des Wissens Ihres Kindes, begleiten Sie den Prozess der Selbstentfaltung und helfen Sie ihm beim Flüggewerden …

Register nach Alter

Ab 2,5 Jahren

Ab 3 Jahren

Ab 3,5 Jahren

Ab 4 Jahren

Ab 7 Jahren

Ab 8 Jahren

Ab 9 Jahren

Ab 10 Jahren

Ab 12 Jahren

→ Notizen

→ Notizen

→ Notizen

→ Notizen

Notizen

→ Notizen

→ Notizen

→ Notizen

→ Notizen